BASIC Pasta

JODY VASSALLO

photographies de Deirdre Rooney

BASIC Pasta

MARABOUT

la pasta, mode d'emploi

Les pâtes sont, sans aucun doute, l'aliment qui se prête au plus grand nombre de recettes. Faciles et rapides à préparer, elles s'agrémentent aussi pour le plus somptueux des dîners. Chaudes ou froides, elles entrent dans la composition de soupes, de salades ou de gratins. Autrefois simplement accompagnées d'une sauce tomate, d'un pesto de basilic, d'une sauce ou d'un jus de viande, elles se plient désormais aux mille et une fantaisies des chefs cuisiniers.

QUELLE QUANTITÉ CUIRE ?

L'avantage avec les pâtes, c'est que l'on peut doser la quantité souhaitée par convive et par repas. Presque toutes les sauces de cet ouvrage sont calculées sur la base de quatre personnes, mais rien n'empêche d'en congeler une partie.

On prévoit la quantité de pâtes par personne selon qu'on les serve en entrée ou en plat de résistance. Et il faut aussi compter avec l'appétit de vos invités ! Pour les pâtes fraîches, je recommande en général 60 g pour une entrée et 100 g pour le plat de résistance ; pour les pâtes sèches, 80 g en entrée et 125 g en plat de résistance. La quantité dépend aussi de leur forme. Je compte souvent un peu moins pour les spaghetti, car il y en a toujours trop.

S'il vous en reste, vous pourrez enrober les pâtes d'un filet d'huile d'olive et les cuisiner en omelette. Et n'oubliez pas, les pâtes doivent toujours être imprégnées d'un peu de sauce, pour apprécier leur saveur comme celle de la sauce.

QUELLE FORME DE PÂTES CHOISIR ?

Personne n'est d'accord quand il s'agit de marier telle forme à telle sauce. Mais s'il est vrai qu'il n'y a pas de règle immuable en la matière, spaghetti, fettucine, lasagne, macaroni et autres penne entrent le plus souvent dans la cuisine de tous les jours, alors que les variétés aux formes plus inhabituelles (ziti, conchiglie, mafaldine et trofie) sont plutôt réservées à un dîner plus formel ou à une occasion particulière.

En matière de forme et de sauce, certains conseils s'avèrent néanmoins judicieux. Pour les pâtes longues et fragiles comme les cheveux d'ange, mieux vaut choisir une sauce légère, à base d'huile d'olive, d'ail et de piment, par exemple. Les variétés plus denses, comme les spaghetti et les fettucine, se marieront mieux avec une sauce plus épaisse, comme une bolognaise.

Pour les pâtes en forme de tubes, l'idéal sera une sauce plus consistante avec des morceaux de viande ou de légumes, qui viendront se loger dedans.

Quant aux pâtes longues et plates comme les tagliatelle, le nec plus ultra sera une sauce onctueuse à la crème. Et dans une soupe, je recommande les variétés aux petites formes ou les cheveux d'ange.

Je me suis aussi rendu compte que le nom des pâtes varie selon leur région de fabrication ou la marque. Les rigatoni sont souvent qualifiés de « penne géants ». Tagliatelle et fettucine sont souvent prises les unes pour les autres. Quant aux fusilli, ils désignent aussi bien de petites torsades que de longs spaghetti en spirale.

PÂTES FRAÎCHES OU SÈCHES ?

À vous de choisir selon vos goûts ! Personnellement, j'achète des pâtes fraîches quand je reçois ou que j'ai envie de me faire plaisir. Leur cuisson est plus rapide, c'est pourquoi j'opte souvent pour des feuilles de lasagne quand le temps me manque. De plus, elles conviennent mieux avec une sauce à base d'huile ou de beurre, une sauce à la crème ou une plus légère à la tomate ou aux légumes.

Les pâtes sèches se marient mieux avec un agrément nourrissant comme la sauce au vin. Pensez toujours à avoir deux ou trois paquets de pâtes de blé dur en réserve pour un repas facile à préparer en un tour de main.

COMMENT LES FAIRE CUIRE ?

Le plus important pour la cuisson des pâtes est de disposer d'une grande casserole et de prévoir un important volume d'eau (5 litres). Il ne faudra pas s'étonner de voir les spaghetti coller si vous les faites cuire dans une casserole trop petite. Les pâtes ont besoin d'espace. Il ne faut jamais les plonger dans l'eau avant ébullition.

Si vous choisissez de saler l'eau de cuisson (1 c. à s. de sel pour 5 litres d'eau), faites-le quand l'eau bout. Une fois les pâtes jetées dedans, l'eau va cesser de bouillir. Remuez soigneusement, couvrez et portez à nouveau à ébullition en gardant un œil sur la casserole au cas où l'eau déborde. Quand elle bout de nouveau, enlevez le couvercle et laissez cuire les pâtes *al dente*, autrement dit fermes sous la dent, ni trop molles, ni trop collantes.

Le meilleur moyen de vérifier la cuisson des pâtes est d'en jeter une contre le mur. Si elle reste collée, c'est qu'elle est prête, si elle glisse contre le mur, prolongez la cuisson. Mais le moyen le plus « civilisé » reste de goûter… Et n'oubliez pas, certaines variétés continuent de cuire dans la sauce.

Égouttez les pâtes, mais ne les passez pas sous l'eau froide (sauf si vous préparez une salade pour le lendemain), et ne les laissez pas trop longtemps dans la passoire. Les pâtes doivent être glissantes, pas collantes. Réservez 125 ml d'eau de cuisson, vous en aurez peut-être besoin pour allonger une sauce, un pesto par exemple, de sorte qu'elle enrobe bien les pâtes. Pour que les pâtes ne s'amalgament pas dans la passoire, vous pouvez les mélanger avec un filet d'huile d'olive, mais le meilleur moyen de ne pas les faire attendre est encore de les faire cuire quand la sauce est prête.

de toutes les formes

fraîches...

spaghetti
linguine
fusilli lunghi
bucatini
malfadine

... sèches

risoni
tubetti
rigatoni
garganelle
casareccie
penne liscie
farfalline

… sèches
farfalle
trofie
conchiglie
orecchiette
gnochetti
penne rigate
fusilli
trotolle

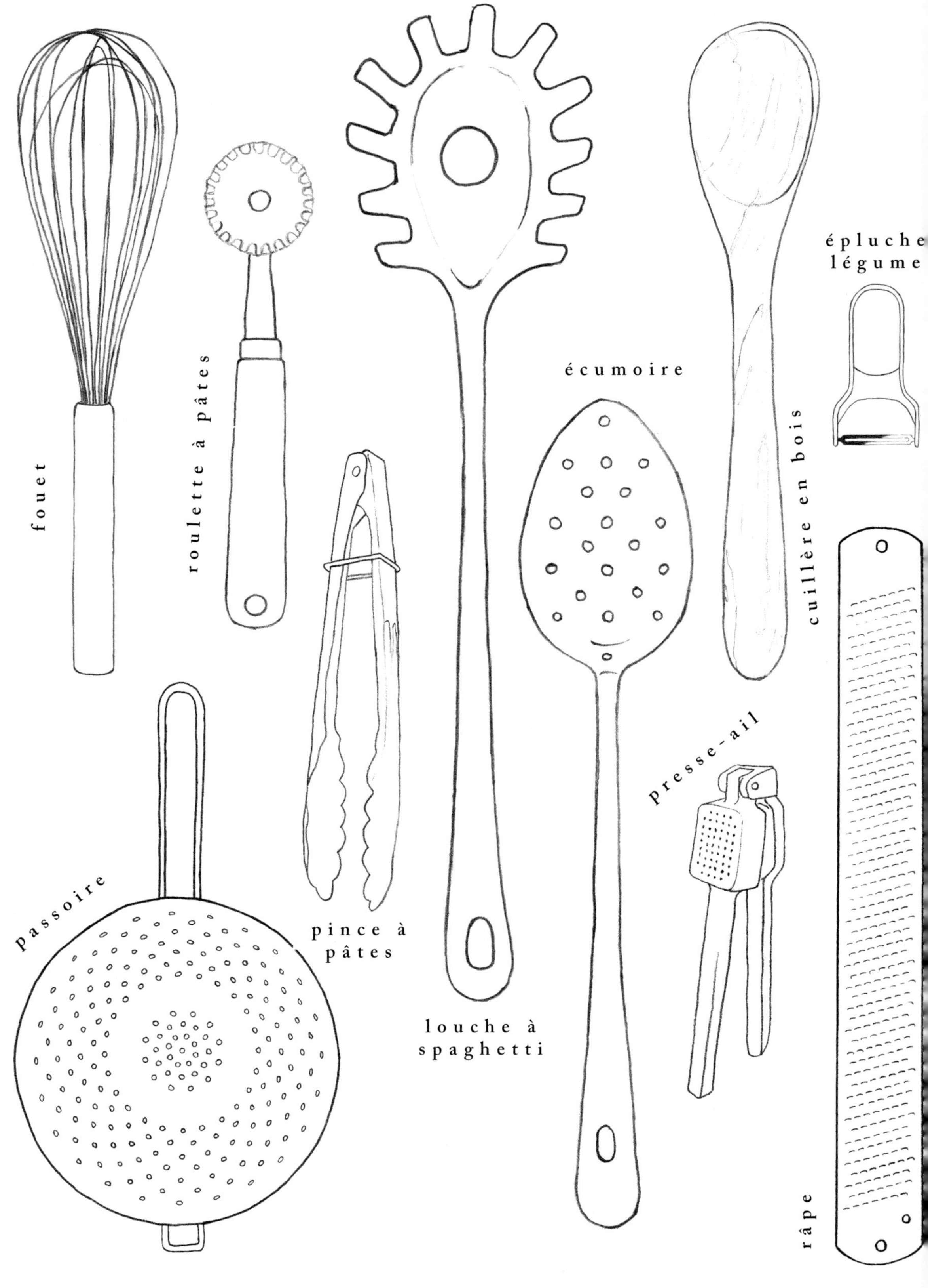
fouet
roulette à pâtes
louche à spaghetti
cuillère en bois
épluche
légume
écumoire
pince à pâtes
presse-ail
passoire
râpe

le matériel

dans le placard

Prévoyez pâtes sèches, huile d'olive, épices, légumes secs, semoule, tomates séchées, câpres,

nchois, sauce tomate, safran, paprika, sel et des tomates pelées en boîte, entières ou concassées.

préparer des pâtes fraîches

1 Déposez la farine sur un plan de travail, creusez un puits au milieu et cassez les œufs dedans.

2 Battez les œufs et ramenez la farine petit à petit vers le centre du puits.

5 Divisez la pâte en 4 portions et formez 4 abaisses. Réglez la machine à pâtes sur le cran le plus large et passez une abaisse 2 à 3 fois dans le rouleau. Pliez-la en trois, tournez-la dans l'autre sens, repassez-la dans le rouleau et recommencez l'opération 10 fois.

6 Réglez la machine sur le cran inférieur et repassez la pâte dans le rouleau, puis diminuez d'un cran, et ainsi de suite jusqu'à l'obtention de l'épaisseur souhaitée. Laissez reposer la pâte 10 minutes sur un linge propre.

Pour 1 kg de pâtes fraîches (8 personnes)
600 g de farine de type 00 (un peu plus pour le plan de travail)
6 à 7 œufs
1 pincée de sel

10 minutes de préparation + 30 minutes de repos

3 Quand les œufs sont mélangés à la farine, malaxez grossièrement la pâte.

4 Pétrissez la pâte à la main. Formez une boule et couvrez-la d'un film alimentaire et laissez-la reposer 30 minutes.

7 Pour faire des fettuccine, fixez l'accessoire sur la machine et passez la pâte dans la filière à grosses dents.

8 Transférez délicatement les fettuccine sur un manche à balai bien propre suspendu entre deux chaises et laissez-les sécher. Quand elles sont sèches, formez de petits nids et disposez-les sur une plaque chemisée de semoule de blé dur.

lasagne, ravioli et tortellini

POUR LES LASAGNE
Découpez la pâte en grands rectangles.

POUR LES RAVIOLI
1 Abaissez la pâte en rectangle et espacez les pe
tas de farce à intervalles réguliers.

POUR LES TORTELLINI
1 Abaissez la pâte en rectangle et découpez-le en deux bandes.

2 Déposez les petits tas de farce à intervalles réguliers et découpez la pâte en carrés.

2 Badigeonnez les bords et le centre de l'abaisse de jaune d'œuf battu et couvrez d'une deuxième abaisse de même taille.

3 Pressez la pâte entre chaque tas de farce pour sceller la pâte. Découpez les ravioli à l'aide d'un emporte-pièce rond et déposez-les sur une plaque chemisée de semoule fine de blé dur.

3 Badigeonnez les bords des carrés de jaune d'œuf battu et repliez chaque carré pour former un triangle.

4 Ramenez les pointes du grand côté l'une sur l'autre et pincez pour fermer les tortellini.

sauces et pesto

sauces tomate

1 c. à s. d'huile d'olive
1 oignon haché
1 gousse d'ail pilée
25 cl de vin blanc
800 g de tomates concassées en boîte
1 c. à c. de sucre en poudre
sel, poivre noir du moulin

Faites chauffer l'huile dans une poêle et faites-y dorer l'oignon 5 minutes à feu moyen. Ajoutez l'ail et poursuivez la cuisson pendant 1 minute.

Incorporez le vin blanc, portez à ébullition et laissez cuire à feu vif jusqu'à ce que le vin s'évapore de moitié.

Ajoutez les tomates, ramenez à ébullition, puis réduisez le feu et laissez mijoter 20 minutes à découvert pour que la sauce épaississe. Ajoutez le sucre. Assaisonnez à votre goût de sel et de poivre.

Pour 4 personnes - 15 minutes de préparation - 30 minutes de cuisson

SAUCE TOMATE AUX HERBES
Mélangez 2 c. à s. d'herbes fraîches hachées (basilic, thym ou origan), 1 c. à s. d'herbes italiennes déshydratées et 200 g de tomates cerises jaunes coupées en deux et préalablement grillées. Ajoutez-les à la recette de base et faites réchauffer le tout 5 minutes.

SAUCE TOMATE AUX LARDONS ET AU PIMENT
Au moment de faire revenir l'oignon, incorporez à la recette de base 1 c. à c. d'éclats de piment déshydratés et 4 tranches de lard coupées en lardons. Ajoutez 2 c. à s. de basilic finement ciselé.

SAUCE PUTTANESCA
Ajoutez à la recette de base 2 c. à s. de câpres hachées, 2 c. à s. d'olives de Kalamata dénoyautées et hachées et 3 filets d'anchois. Laissez mijoter 15 minutes.

SAUCE TOMATE AUX MOULES ET À L'AIL
Ajoutez à la recette de base 2 gousses d'ail et 500 g de moules lavées et brossées. Couvrez et laissez cuire 10 minutes. Quand les moules s'ouvrent, complétez avec 2 c. à s. de persil ciselé. (Jetez toutes les moules qui ne se sont pas ouvertes.)

SAUCE AU POIVRON ROUGE ET AUX TOMATES SÉCHÉES
Ajoutez à la recette de base 1 c. à c. de paprika fumé à la gousse d'ail pilée. Quand la sauce est prête, incorporez 150 g de tomates séchées et 150 g de poivron rouge. Complétez par 2 c. à c. d'origan ciselé.

SAUCE TOMATE AUX OLIVES, À LA FETA ET À L'ORIGAN
Ajoutez à la recette de base 150 g de feta émiettée, 1 c. à c. d'origan déshydraté et 50 g d'olives vertes égouttées, dénoyautées et hachées.

sauce aux herbes

sauce aux lardons
et au piment

sauce aux olives,
à la feta et à l'origan

sauce au poivron rouge
et aux tomates séchées

sauce aux moules
et à l'ail

sauce puttanesca

sauces à la crème

1 c. à s. d'huile d'olive
4 oignons nouveaux pelés et émincés
2 gousses d'ail pelées et pilées
25 cl de vin blanc
50 cl de crème fraîche épaisse

Faites chauffer l'huile dans une poêle et faites-y revenir les oignons pendant 2 minutes. Ajoutez l'ail, laissez cuire 1 minute, puis versez le vin blanc. Portez à ébullition. Laissez chauffer 10 minutes à feu vif. Quand ce liquide a réduit de moitié, ajoutez la crème. Réduisez le feu et laissez mijoter 10 minutes à découvert, jusqu'à l'obtention d'une sauce épaisse et onctueuse.

5 minutes de préparation - 15 minutes de cuisson - pour 4 personnes

SAUCE À LA CRÈME AUX PETITS POIS ET AU JAMBON CRU
Passez 100 g de jambon cru sous le gril du four préchauffé. Quand il est croustillant, cassez-le en petits morceaux et ajoutez ces derniers à la recette de base. Incorporez 155 g de petits pois frais ou congelés et, avant de servir 2 c. à s. de basilic émincé et 3 c. à s. de parmesan frais râpé.

SAUCE PRIMAVERA
Ajoutez à la recette de base 200 g d'asperges émincées, 200 g de courgettes, 200 g de petits pois et 200 g de jeunes pousses d'épinards. Laissez cuire à couvert à feu moyen. Incorporez 3 c. à s. de parmesan frais râpé. Salez et poivrez généreusement.

SAUCE AUX CHAMPIGNONS ET AUX LARDONS
Quand vous avez fait revenir les oignons, ajoutez 4 tranches de lard fumé détaillées en lardons et laissez dorer. Incorporez 200 g de champignons émincés et laissez colorer 10 minutes jusqu'à évaporation complète du liquide. Reprenez la recette de base à partir de l'ajout du vin blanc.

SAUCE AU POTIRON ET AUX HERBES
Ajoutez à la recette de base 300 g de potiron pelé et râpé, couvrez et laissez cuire 15 minutes. Incorporez 2 c. à s. de crème fraîche, 1 pincée de noix de muscade, 2 c. à s. de romarin ciselé. Salez et poivrez généreusement.

SAUCE AU SAUMON FUMÉ ET AUX POIREAUX
Incorporez à la recette de base 200 g de saumon fumé émincé, 1 petit poireau émincé, 2 c. à s. de câpres et 2 c. à s. d'aneth ciselé.

SAUCE AUX BOUQUETS ET AU SAFRAN
Faites tremper 1/2 c. à c. de filaments de safran dans 2 c. à s. d'eau chaude pendant 10 minutes. Ajoutez le mélange à la recette de base avec 750 g de bouquets crus décortiqués. Couvrez et laissez cuire 5 minutes. Salez et poivrez généreusement. Incorporez 1 c. à s. de ciboulette ciselée avant de servir.

sauce primavera

sauce aux petits pois
et au jambon

sauce aux champignons
et aux lardons

sauces à la crème

sauce au saumon fumé et aux poireaux

sauce aux bouquets et au safran

sauce au potiron et aux herbes

1/2
CUP
125ml
4 fl oz
STAINLESS

sauces au pesto de basilic

50 g de pignons grillés
1 gousse d'ail
100 g de feuilles de basilic frais
50 g de parmesan frais finement râpé
10 cl d'huile d'olive vierge extra

Écrasez les pignons, l'ail, le basilic et le parmesan au pilon dans un mortier jusqu'à l'obtention d'une pâte homogène, ou mixez-les au robot. Transférez la pâte dans un saladier, puis incorporez l'huile petit à petit.

Si vous n'utilisez pas le pesto immédiatement, gardez-le dans un récipient hermétique fermé. Versez un filet d'huile d'olive sur le pesto pour l'empêcher de blanchir.

10 minutes de préparation - pour 25 cl

PESTO À LA CORIANDRE ET AUX NOIX DE CAJOU
Remplacez les pignons par des noix de cajou grillées et le basilic par de la coriandre en utilisant les feuilles et les tiges.

PESTO AUX AMANDES, À LA MENTHE ET AU PERSIL
Remplacez les pignons par des amandes grillées et le basilic par 30 g de menthe et 30 g de persil plat.

PESTO AUX OLIVES VERTES
Ajoutez à la recette de base 50 g d'olives vertes dénoyautées. Mixez pour obtenir une pâte homogène.

PESTO AUX TOMATES SÉCHÉES
Ajoutez à la recette de base 100 g de tomates séchées. Mixez pour obtenir une pâte homogène.

PESTO AUX NOIX ET AU PIMENT
Remplacez les pignons par des cerneaux de noix et ajoutez 1 piment rouge frais haché à la recette de base. Mixez pour obtenir une pâte homogène.

PESTO À LA ROQUETTE ET AUX CÂPRES
Remplacez les pignons par des noix, le basilic par de la roquette et ajoutez 2 c. à s. de câpres à la recette de base. Mixez pour obtenir une pâte homogène.

pesto aux
olives vertes

pesto aux noix
et au piment

pesto aux noix de
cajou et à la coriandre

sauces au pesto de basilic

pesto à la roquette
et aux câpres

pesto aux amandes,
à la menthe et au persil

pesto aux tomates
séchées

pâtes et légumes

frittata de pâtes et de pommes de terre

200 g de fettuccine aux épinards
3 c. à s. d'huile d'olive
30 g de beurre
500 g de pommes de terre pelées et coupées en gros morceaux
115 g de tomates cerises coupées en deux
2 gousses d'ail pilées
2 c. à s. de feuilles de thym frais
6 œufs légèrement battus
25 cl de lait
100 g de parmesan frais râpé
sel, poivre noir du moulin
salade verte

Faites cuire les pâtes al dente dans un grand volume d'eau bouillante salée. Égouttez-les. Réservez. Dans une poêle allant au four, faites chauffer l'huile et le beurre. Ajoutez les pommes de terre et laissez cuire pendant 15 minutes à feu moyen. Ôtez les pommes de terre de la poêle et, à leur place, faites dorer les tomates cerises et l'ail pendant 5 minutes. La peau des tomates doit commencer à cuire.

Remettez les pommes de terre dans la poêle et répartissez-les sur le fond. Couvrez avec les pâtes et le thym. Salez et poivrez généreusement.

Dans un saladier, battez les œufs avec le lait et le parmesan. Versez cette préparation sur le mélange de pâtes et de pommes de terre et laissez cuire pendant 15 minutes à feu moyen jusqu'à ce que les œufs aient pris (n'augmentez pas le feu : le fond de l'omelette risque de brûler). Préchauffez le gril du four à température moyenne.

Transférez la poêle dans le four et poursuivez la cuisson de la frittata sous le gril chaud. Servez aussitôt avec la salade.

25 minutes de préparation - 50 minutes de cuisson - pour 6 personnes

fettucine sauce citron, aux artichauts et au fenouil caramélisé

3 c. à s. d'huile d'olive
2 petits bulbes de fenouil, coupés en deux, finement émincés
12,5 cl de vin blanc
2 c. à s. de jus de citron
2 c. à s. d'huile d'olive vierge extra
1 c. à s. de zeste de citron
1 c. à s. de câpres hachées
1 c. à s. de persil ciselé
1 c. à s. de basilic ciselé
300 g de cœurs d'artichauts marinés, égouttés et coupés en quartiers
400 g de fettuccine sèches
sel

Faites chauffer l'huile dans une grande casserole et faites-y revenir le fenouil 5 minutes à feu moyen. Ajoutez le vin et poursuivez la cuisson 10 à 15 minutes, jusqu'à ce qu'il s'évapore et que le fenouil soit bien cuit.

Mélangez le jus de citron, l'huile d'olive, le zeste de citron, les câpres, le persil et le basilic dans un saladier. Incorporez ensuite les cœurs d'artichauts.

Faites cuire les pâtes al dente dans un grand volume d'eau bouillante salée. Égouttez-les et remettez-les dans la casserole. Ajoutez le fenouil, puis la sauce aux artichauts et au citron. Remuez délicatement le tout et servez aussitôt.

15 minutes de préparation - 25 minutes de cuisson - pour 4 personnes

FRITTATA DE PÂTES ET DE POMMES DE TERRE AU THYM

FETTUCINE SAUCE CITRON, AUX ARTICHAUTS ET FENOUIL CARAMÉLISÉ

SALADE DE PÂTES CHAUDES À LA FETA ET AU POTIRON

salade de pâtes chaudes à la feta et au potiron

750 g de potiron pelé et coupé en gros morceaux
2 oignons rouges pelés et émincés
2 c. à s. d'huile d'olive
50 g de beurre
2 c. à s. de feuilles de sauge fraîche
400 g de fusilli secs
100 g de jeunes pousses d'épinards
250 g de feta marinée
1 pincée de noix de muscade râpée
3 oignons nouveaux pelés et émincés
3 c. à s. de pignons grillés
sel, poivre noir concassé

Préchauffez le four à 200 °C (th. 6-7). Disposez le potiron et les oignons rouges sur la plaque du four et enfournez le tout 40 minutes.

Faites chauffer l'huile et le beurre dans une poêle et laissez revenir les feuilles de sauge. Quand elles commencent à frire, sortez-les de la poêle et réservez.

Faites cuire les pâtes al dente dans un grand volume d'eau bouillante légèrement salée. Égouttez-les et remettez-les dans la casserole. Ajoutez l'oignon et le potiron, les pousses d'épinards, les feuilles de sauge frites, la feta, la noix de muscade, les oignons nouveaux et les pignons grillés. Mélangez bien le tout. Salez, poivrez. Servez aussitôt.

30 minutes de préparation - 40 minutes de cuisson - pour 4 personnes

gratin de macaroni au fromage

300 g de macaroni secs
3 c. à s. de beurre
3 c. à s. de farine
1 c. à s. de moutarde de Dijon
75 cl de lait
1 petit oignon pelé et coupé en petits dés
1 feuille de laurier
1/2 c. à c. de noix de muscade râpée
100 g de parmesan frais râpé
125 g de gruyère râpé
sel, poivre noir du moulin

Faites cuire les pâtes al dente dans un grand volume d'eau bouillante salée et égouttez-les. Réservez.

Préchauffez le four à 200 °C (th. 6-7). Beurrez légèrement un plat à gratin de 20 cm x 20 cm.

Dans une casserole, faites fondre 3 c. à s. de beurre à feu moyen. Ajoutez la farine. Mélangez. Incorporez la moutarde et laissez cuire 1 minute. Quand le roux est coloré, ôtez la casserole du feu et incorporez petit à petit le lait, tout en fouettant afin d'éviter les grumeaux. Ajoutez l'oignon, la feuille de laurier et la noix de muscade. Remettez la casserole sur le feu et laissez cuire 15 minutes, sans cesser de remuer, jusqu'à ébullition et épaississement de la sauce. Laissez frémir encore 15 minutes. Incorporez le parmesan et la moitié du gruyère. Salez, poivrez. Laissez cuire le temps que le fromage fonde. Retirez la feuille de laurier.

Versez les macaroni dans le plat à gratin, puis nappez-les de la sauce. Parsemez le gruyère restant. Enfournez 30 minutes afin que le fromage soit bien doré. Servez bien chaud.

15 minutes de préparation - 55 minutes de cuisson - pour 4 personnes

La sauce à la crème doit réduire et épaissir suffisamment afin de bien enrober les pâtes.

SPAGHETTINI À LA CRÈME AUX CHAMPIGNONS PORCINI

spaghettini à la crème et aux champignons porcini

25 g de champignons porcini séchés
1 c. à s. d'huile d'olive
4 oignons nouveaux pelés et émincés
2 gousses d'ail pelées et pilées
200 g de champignons de Paris émincés
25 cl de vin blanc
30 cl de crème fraîche épaisse
1 c. à s. de persil plat ciselé
300 g de spaghettini secs
parmesan
sel, poivre noir du moulin

Dans un saladier, couvrez les champignons porcini avec 12,5 cl d'eau bouillante et laissez-les gonfler 20 minutes.

Faites chauffer l'huile dans une poêle et faites-y revenir les oignons nouveaux 3 minutes à feu moyen. Ajoutez l'ail et les champignons de Paris, laissez dorer 5 minutes. Incorporez le vin blanc et les champignons porcini avec leur eau, portez le tout à ébullition et laissez cuire à feu vif jusqu'à ce que la sauce réduise de moitié.

Ajoutez alors la crème et poursuivez la cuisson 5 minutes. Quand la sauce a réduit et épaissi légèrement, incorporez le persil. Salez, poivrez.

Faites cuire les pâtes *al dente* dans un grand volume d'eau bouillante légèrement salée. Égouttez-les et remettez-les dans la casserole. Ajoutez la sauce aux champignons et laissez cuire 5 minutes afin que la sauce enrobe les pâtes. Servez les spaghettini saupoudrés de parmesan fraîchement râpé et de poivre noir concassé.

20 minutes de préparation - 20 minutes de trempage - 20 minutes de cuisson - Pour 4 personnes

penne aux légumes de printemps et à la ricotta

4 c. à s. d'huile d'olive
2 gousses d'ail pelées et émincées
1 c. à c. d'origan déshydraté
100 g de brocoli détaillé en fleurettes
100 g de chou-fleur détaillé en fleurettes
200 g d'asperges coupées en tronçon de 1 cm
400 g de penne rigate ou de rigatoni secs
300 g de ricotta fraîche émiettée
25 cl de bouillon de légumes
2 c. à c. de zeste de citron
50 g de feuilles de basilic frais
sel

Faites chauffer l'huile dans une poêle antiadhésive et saisissez l'ail et l'origan 1 minute à feu moyen. Ajoutez le brocoli, le chou-fleur et les asperges et laissez cuire 5 minutes.

Faites cuire les pâtes al dente dans un grand volume d'eau bouillante salée. Égouttez-les et remettez-les dans la casserole. Incorporez les légumes, la ricotta, le bouillon, le zeste de citron et les feuilles de basilic. Servez aussitôt.

20 minutes de préparation - 20 minutes de cuisson - pour 4 à 6 personnes

PENNE AUX LÉGUMES DE PRINTEMPS ET À LA RICOTTA

ORECCHIETTE À LA SAUCE TOMATE AU BASILIC

orecchiette à la sauce tomate au basilic

400 g d'orecchiette sèches
10 cl d'huile d'olive vierge extra
3 gousses d'ail pilées
750 g de tomates mûres épépinées et coupées en dés
3 c. à s. de feuilles de basilic frais
sel, poivre noir concassé

Faites cuire les pâtes *al dente* dans un grand volume d'eau bouillante salée. Égouttez-les soigneusement.

Dans un saladier, mélangez l'huile d'olive, les tomates et le basilic. Salez et poivrez généreusement. Incorporez les pâtes dans la sauce tomate et remuez pour bien les en enrober. Servez aussitôt.

15 minutes de préparation - 10 minutes de cuisson - pour 4 personnes

gnocchi à la sauce tomate pimentée

1 kg de pommes de terre à chair farineuse non pelées et coupées en quartiers
2 jaunes d'œufs
125 g de farine
1 c. à s. d'huile d'olive
2 gousses d'ail pelées et hachées
400 g de tomates concassées
1/2 c. à c. d'éclats de piment
sel, poivre noir du moulin

Faites cuire les pommes de terre à la vapeur. Pelez-les et réduisez-les en purée. Ajoutez les jaunes d'œufs. Salez, poivrez. Incorporez la farine petit à petit et mélangez jusqu'à l'obtention d'une purée lisse.

Répartissez cette purée en 6 portions. Roulez chaque portion sur le plan de travail légèrement fariné pour former un long boudin épais. Découpez ce boudin en tronçons de 1,5 cm de long. Écrasez légèrement chaque gnocchi de la pointe d'une fourchette pour leur donner leur forme. Faites de même avec les autres portions.

Faites chauffer l'huile dans une casserole. Faites revenir l'ail 1 minute. Ajoutez les tomates et les éclats de piment, portez à ébullition, puis laissez frémir 10 minutes afin que la sauce épaississe.

Faites cuire les gnocchi dans un grand volume d'eau bouillante jusqu'à ce qu'ils flottent à la surface. Égouttez soigneusement. Nappez les gnocchi de sauce et servez aussitôt.

40 minutes de préparation - 30 minutes de cuisson - pour 4 personnes

Roulez doucement les gnocchi sur les piques de la fourchette pour marquer de légères rainures.

GNOCCHI À LA SAUCE TOMATE PIMENTÉE

gratin de gnocchi aux quatre fromages

1 c. à s. d'huile d'olive
2 gousses d'ail pelées et hachées
400 g de tomates concassées
1/2 c. à c. d'éclats de piment
500 g de gnocchi
150 g de gorgonzola ou de castello coupé en petits morceaux
150 g de brie coupé en petits morceaux
100 g de mascarpone
50 g de parmesan râpé
sel
salade verte

Faites chauffer l'huile dans une casserole et faites-y revenir l'ail 1 minute à feu moyen. Ajoutez les tomates et les éclats de piment. Portez à ébullition, puis réduisez le feu et laissez frémir 10 minutes afin que la sauce épaississe. Réservez.

Préchauffez le four à 200 °C (th. 6-7). Faites cuire les gnocchi dans un grand volume d'eau bouillante salée jusqu'à ce qu'ils flottent à la surface. Égouttez-les soigneusement.

Étalez les gnocchi dans le fond d'un plat à gratin. Couvrez-les de sauce, puis répartissez les quatre fromages. Enfournez et laissez cuire 30 minutes jusqu'à ce que le gratin soit bien doré. Servez accompagné de la salade verte.

10 minutes de préparation - 40 minutes de cuisson - pour 4 personnes

rigatoni aux pois chiches et à la tomate

2 poivrons rouges
1 c. à s. d'huile d'olive
1 oignon pelé et finement haché
2 gousses d'ail pelées et pilées
800 g de tomates concassées en boîte
400 g de pois chiches en boîte, rincés et égouttés
200 g d'olives noires dénoyautées
500 g de penne rigate ou de rigatoni secs
120 g de roquette
150 g de bocconcini (petites boules de mozzarella) finement hachés
sel

Préchauffez le gril du four à température élevée. Passez les poivrons sous le gril. Quand la peau cloque et noircit, placez-les dans un sac en plastique et laissez-les tiédir. Pelez les poivrons, jetez la peau et émincez finement la pulpe.

Faites chauffer l'huile dans une poêle et faites-y dorer l'oignon 5 minutes à feu moyen. Ajoutez l'ail, laissez revenir 1 minute, puis incorporez les tomates, les pois chiches et les olives. Portez à ébullition. Laissez cuire à feu vif jusqu'à réduction et épaississement du mélange.

Faites cuire les pâtes *al dente* dans un grand volume d'eau bouillante salée. Égouttez-les et remettez-les dans la casserole. Incorporez la sauce tomate, les poivrons rouges, la roquette et la mozzarella. Arrêtez la cuisson quand le fromage fond. Servez aussitôt.

15 minutes de préparation - 15 minutes de refroidissement - 20 minutes de cuisson - pour 4 personnes

lasagne aux légumes

5 c. à s. d'huile d'olive
2 gousses d'ail pelées et finement émincées
1 aubergine coupée en tranches de 0,5 cm
3 courgettes émincées
200 g de champignons de Paris émincés sans le cœur
1 oignon pelé et haché
800 g de tomates concassées en boîte
1 c. à c. de basilic déshydraté
6 feuilles de lasagne fraîches ou sèches
250 g de mozzarella di bufala coupée en dés
25 g de feuilles de basilic frais
50 g de parmesan frais râpé
sel, poivre noir concassé

Préchauffez le four à 180 °C (th. 5-6).

Mettez 4 c. à s. d'huile d'olive, l'ail, 1 c. à c. de poivre concassé et 1 c. à c. de sel dans un grand récipient et mélangez bien le tout. Ajoutez les aubergines, les courgettes et les champignons et remuez pour bien enrober tous ces ingrédients d'huile. Transférez ces légumes dans un grand plat à gratin et enfournez 35 à 40 minutes.

Faites chauffer 1 c. à s. d'huile dans une casserole et faites dorer l'oignon 5 minutes à feu moyen. Ajoutez les tomates et le basilic. Laissez frémir 30 minutes à découvert. Salez, poivrez.

Huilez légèrement un plat de 20 cm x 20 cm allant au four. Étalez une couche de sauce tomate dans le fond du plat. Couvrez d'une couche de lasagne. Ajoutez la moitié des légumes cuits, la moitié de la mozzarella et des feuilles de basilic. Couvrez d'une autre couche de lasagne, puis de sauce tomate. Alternez ensuite le reste de légumes, de mozzarella et de basilic. Disposez les dernières feuilles de lasagne. Terminez par la sauce tomate. Saupoudrez de parmesan. Enfournez 35 à 40 minutes jusqu'à ce que le dessus des lasagne soit bien doré. Sortez les lasagne du four et laissez-les reposer 5 minutes avant de servir.

25 minutes de préparation - 1 heure 20 minutes de cuisson - pour 4 personnes

fusilli épicés aux aubergines

12,5 cl d'huile d'olive de qualité supérieure
2 aubergines coupées en dés
4 oignons nouveaux pelés et émincés
1 c. à c. d'éclats de piment
2 gousses d'ail pelées et pilées
800 g de tomates concassées en boîte
1 c. à s. d'origan ciselé
2 c. à s. de persil ciselé
1 c. à c. de sucre en poudre
1 c. à c. de vinaigre balsamique
400 g de fusilli secs
50 g de bocconcini (petites boules de mozzarella) râpés
feuilles de basilic
sel, poivre noir du moulin

Faites chauffer l'huile dans une grande poêle et faites-y dorer les aubergines pendant 5 minutes à feu moyen, en procédant en plusieurs tournées. Égouttez-les sur du papier absorbant et réservez-les au fur et à mesure de la cuisson.

Mettez les oignons nouveaux, les éclats de piment et l'ail dans la poêle. Ajoutez un peu d'huile d'olive si les aubergines attachent et laissez cuire à feu moyen.

Quand les oignons fondent, ajoutez les tomates, l'origan, le persil, le sucre et le vinaigre. Portez à ébullition, puis réduisez le feu et laissez frémir 20 minutes à découvert. Salez, poivrez.

Faites cuire les pâtes *al dente* dans un grand volume d'eau bouillante salée et égouttez. Nappez les fusilli de la sauce, incorporez les aubergines et le basilic et réchauffez le tout 5 minutes. Agrémentez de bocconcini râpés. Servez aussitôt.

15 minutes de préparation - 20 minutes de cuisson - pour 4 personnes

Une huile d'olive d'une qualité supérieure rehaussera la saveur de cette recette.

SUNNEX

cannelloni à la ricotta et aux épinards

2 c. à s. d'huile d'olive
1 oignon pelé et finement haché
2 courgettes râpées
3 gousses d'ail pelées et pilées
500 g d'épinards hachés
250 g de ricotta
100 g de mozzarella finement râpée
2 c. à s. d'herbes fraîches mélangées (persil, origan, marjolaine)
13 gros cannelloni ou penne
25 cl de crème fraîche épaisse
100 g de parmesan râpé
noix de muscade râpée
sel, poivre noir du moulin

POUR LA SAUCE TOMATE
2 c. à s. d'huile d'olive
1 oignon pelé et haché
2 gousses d'ail pelées et pilées
400 g de tomates concassées en boîte

Préchauffez le four à 200 °C (th. 6-7). Faites chauffer l'huile dans une grande poêle. Laissez-y dorer l'oignon 5 minutes à feu moyen. Ajoutez les courgettes et l'ail. Poursuivez la cuisson 3 minutes et incorporez les épinards. Quand les épinards fondent, ajoutez la ricotta, la mozzarella, la noix de muscade et les herbes mélangées. Salez, poivrez généreusement.

Préparez la sauce tomate. Faites chauffer l'huile dans une poêle et faites-y fondre l'oignon 5 minutes à feu moyen. Ajoutez l'ail et laissez revenir 1 minute. Incorporez les tomates. Portez à ébullition, puis réduisez le feu et laissez frémir 15 minutes, jusqu'à épaississement de la sauce. Salez, poivrez.

Plongez les pâtes 3 minutes dans un grand volume d'eau bouillante salée, en procédant en plusieurs tournées. Ne prolongez pas la cuisson afin que les tubes restent fermes et ne risquent pas de se briser quand vous les garnirez. Alignez-les sur un torchon et laissez-les refroidir.

Étalez la sauce tomate dans le fond d'un grand plat allant au four,. Avec une cuillère, garnissez les cannelloni du mélange aux légumes, répartissez-les dans le plat et couvrez-les de sauce tomate.

Battez la crème et le parmesan dans un bol et nappez les cannelloni de cette sauce. Enfournez 20 minutes afin que le dessus soit bien doré. Laissez reposer 10 minutes : les cannelloni seront plus faciles à servir.

40 minutes de préparation - 50 minutes de cuisson - pour 4 personnes

minestrone d'hiver

200 g de haricots blancs secs
2 c. à s. d'huile d'olive
1 bulbe de fenouil haché
2 gousses d'ail pelées et pilées
100 g de pancetta hachée
2 carottes pelées et hachées
2 branches de céleri hachées
2 pommes de terre pelées et coupées en petits morceaux
800 g de tomates concassées en boîte
25 cl de vin rouge
1 litre de bouillon de poulet
1 feuille de laurier
2 courgettes émincées
155 g de pâtes à potage sèches
100 g de chou émincé
155 g de petits pois frais ou congelés
parmesan frais

Dans un grand récipient, couvrez les haricots blancs d'eau froide et laissez-les tremper toute la nuit. Le lendemain, égouttez les haricots et rincez-les. Mettez-les dans une grande casserole, couvrez d'eau froide, portez à ébullition et laissez cuire 50 minutes et égouttez.

Faites chauffer l'huile dans une grande casserole. Faites dorer le fenouil 5 minutes à feu moyen. Ajoutez l'ail, la pancetta, la carotte, le céleri et les pommes de terre. Laissez cuire 15 minutes à couvert, sans laisser les légumes attacher.

Ajoutez les tomates, le vin rouge, le bouillon et la feuille de laurier. Portez à ébullition, puis réduisez le feu. Quand le mélange frémit, incorporez les courgettes et poursuivez la cuisson 15 minutes. Ajoutez les pâtes à potage et les haricots cuits. Laissez sur le feu 5 minutes.

Incorporez le chou et les petits pois. Quand ces légumes sont cuits, servez le minestrone dans des assiettes creuses, saupoudré de parmesan fraîchement râpé. Servez aussitôt.

20 minutes de préparation - 1 nuit de trempage - 50 minutes de cuisson - pour 6 à 8 personnes

pâtes et fruits de mer

linguine alla marinara

2 c. à s. d'huile d'olive
1 oignon pelé et finement haché
4 gousses d'ail pelées et émincées
12,5 cl de vin blanc
400 g de dés de tomates en boîte
1/2 c. à c. d'huile de piment (facultatif)
1/2 c. à c. de sel
1/2 c. à c. de poivre noir du moulin
500 g de fruits de mer variés (crevettes, moules, calamars...)
50 g de persil ciselé
50 g de basilic ciselé
400 g de linguine ou de malfadine sèches

Faites chauffer l'huile dans une grande casserole et faites-y dorer l'oignon pendant 5 minutes à feu moyen. Ajoutez l'ail, laissez cuire 1 minute, puis incorporez le vin blanc et laissez bouillir 2 minutes. Le vin doit réduire de moitié. Ajoutez alors les tomates, l'huile de piment (si vous l'utilisez). Salez, poivrez. Laissez mijoter 20 minutes. Incorporez les fruits de mer et poursuivez la cuisson 5 minutes avant d'ajouter le persil et le basilic.

Faites cuire les pâtes *al dente* dans un grand volume d'eau bouillante salée. Servez les pâtes dans des assiettes creuses nappées de la sauce.

15 minutes de préparation - 30 minutes de cuisson - pour 4 personnes

soupe de chorizo, crevettes et calamars

2 c. à s. d'huile d'olive
1 oignon pelé et finement haché
1 poireau émincé
250 g de chorizo en tranches
3 gousses d'ail pelées et hachées
1 carotte pelée et hachée
2 branches de céleri hachées
1 c. à s. de zeste d'orange
1 c. à c. de filaments de safran
400 g de tomates concassées en boîte
2 feuilles de laurier
3 brins de thym frais
1 litre de court-bouillon
25 cl de vin blanc
550 g de crevettes crues
300 g de petits calamars nettoyés
155 g de gnochetti secs
2 c. à s. de persil plat ciselé

Faites chauffer l'huile d'olive dans une grande poêle, ajoutez l'oignon, le poireau, le chorizo et l'ail et laissez dorer le tout pendant 5 minutes à feu moyen.

Ajoutez la carotte, le céleri et le zeste d'orange et poursuivez la cuisson 10 minutes, sans laisser brunir les légumes. Incorporez le safran, les tomates, les feuilles de laurier et les brins de thym. Versez le court-bouillon et le vin. Portez le tout à ébullition, puis réduisez le feu et laissez mijoter 15 minutes à découvert.

Décortiquez les crevettes en ôtant la nervure centrale. Ajoutez les crevettes, les calamars, les pâtes et le persil et poursuivez la cuisson 5 minutes. Servez aussitôt.

25 minutes de préparation - 40 minutes de cuisson - pour 4 à 6 personnes

LINGUINE ALLA MARINARA

SOUPE DE CHORIZO, CREVETTES ET CALAMARS

pâtes et fruits de mer

spaghettini aux crevettes

500 g de crevettes crues
1/2 c. à c. de filaments de safran
1 oignon rouge pelé et haché
2 c. à c. d'huile d'olive
1 bulbe de fenouil émincé
3 gousses d'ail pelées et pilées
1 poivron vert haché
1 poivron rouge haché
1 c. à c. de paprika fumé
1 c. à s. de paprika doux
400 g de tomates hachées
250 g de spaghettini secs coupés en tronçons de 5 cm
200 g d'asperges coupées en tronçons de 3 cm
155 g de petits pois frais ou congelés
quartiers de citron
poivre noir concassé

Décortiquez les crevettes en ôtant la nervure centrale. Réservez les carapaces. Mettez ces dernières dans une casserole avec le safran, l'oignon haché et 50 cl d'eau. Portez le tout à ébullition, puis réduisez le feu et laissez frémir 10 minutes, en écumant régulièrement les résidus en surface. Passez ce bouillon au chinois, jetez les aromates, puis reversez-le dans la casserole et portez à nouveau à ébullition.

Faites chauffer l'huile dans une grande poêle, ajoutez le fenouil, l'ail, le poivron vert et le poivron rouge et laissez revenir 5 minutes à feu moyen. Quand le fenouil est cuit, ajoutez le paprika et poursuivez la cuisson 1 minute pour qu'il libère son arôme.

Ajoutez les tomates, les pâtes et le bouillon. Portez à ébullition et laissez cuire 10 minutes pour des pâtes *al dente*.

Incorporez les crevettes, les asperges et les petits pois, laissez cuire 5 minutes, puis retirez du feu, couvrez et laissez reposer 3 minutes. Servez les spaghettini agrémentés de quartiers de citron et de poivre noir du moulin.

30 minutes de préparation – 30 minutes de cuisson -Pour 4 personnes

ravioli de crabe au beurre de tomates

500 g de pâte fraîche (voir page 18)
200 g de pommes de terre pelées
300 g de chair de crabe fraîche
1 c. à s. de zeste de citron vert
2 c. à s. de ciboulette ciselée
2 oignons nouveaux hachés
100 g de beurre
2 c. à s. d'huile d'olive
2 gousses d'ail pelées et pilées
400 g de tomates mûres, épépinées et coupées en dés
2 c. à s. de petites feuilles de basilic frais
farine
sel, poivre noir du moulin

Préparez la pâte selon les instructions de la page 18, couvrez et réservez.

Faites cuire les pommes de terre dans une casserole d'eau bouillante, égouttez-les et réduisez-les en purée. Ajoutez la chair de crabe, le zeste de citron vert, la ciboulette, les oignons nouveaux. Salez, poivrez.

Au rouleau, formez deux abaisses de pâte de la même taille. Étalez la première sur le plan de travail légèrement fariné et alignez deux rangées de petits tas de farce de la valeur d'une cuillerée à café le long de la pâte. Humectez légèrement les bords et le centre de la pâte avec de l'eau. Couvrez avec la deuxième abaisse. Pressez la pâte entre chaque tas de farce pour sceller les bords. Découpez les ravioli à l'aide d'un emporte-pièce rond.

Faites cuire les ravioli *al dente* dans un grand volume d'eau bouillante salée en procédant en plusieurs tournées.

Faites chauffer le beurre et l'huile dans une poêle. Quand le beurre fond, ajoutez l'ail et laissez cuire 1 minute à feu moyen. Ajoutez les tomates et poursuivez la cuisson jusqu'à ce qu'elles soient bien chaudes. Salez, poivrez.

Disposez les ravioli nappés de beurre de tomates et agrémentés de feuilles de basilic. Servez aussitôt.

1 heure de préparation - 1 heure de cuisson - pour 4 personnes

Si les ravioli de crabe cuisent trop longtemps, ils risquent de s'ouvrir !

beignets de pâtes aux crevettes

1 c. à s. d'huile d'olive
300 g de chair de crevette crue hachée
1⁄2 c. à c. de poivre blanc concassé
1⁄4 c. à c. de mélange cinq-épices
2 gousses d'ail pelées et pilées
2 œufs légèrement battus
1 c. à s. de ciboulette ciselée
1 c. à c. de zeste de citron râpé
200 g de spaghettini secs
huile de friture
sauce de piment douce
sel, poivre noir du moulin

Faites chauffer l'huile dans une poêle, ajoutez la chair de crevette, le poivre blanc et le mélange cinq-épices et laissez cuire 3 à 5 minutes à feu moyen. Versez cette préparation avec l'ail, les œufs, la ciboulette et le zeste de citron dans un saladier et mélangez bien le tout.

Faites cuire les pâtes *al dente* dans un grand volume d'eau bouillante salée, rincez-les sous l'eau froide, égouttez-les soigneusement et découpez-les en petits morceaux, puis incorporez-les à la préparation aux crevettes.

Formez 16 boules de la valeur d'une cuillerée à café pleine et plongez-les dans la friture jusqu'à ce que les beignets soient dorés de toutes parts. Procédez en plusieurs tournées en les égouttant sur du papier absorbant au fur et à mesure. Servez les beignets accompagnés de sauce de piment douce.

20 minutes de préparation - 20 minutes de cuisson -Pour 16 beignets

farfalline aux crevettes, à la tomate et au fenouil

4 tomates olivettes coupées en deux
1 bulbe de fenouil coupé en tranches épaisses
1 tête d'ail
3 c. à s. d'huile d'olive
750 g de crevettes crues
200 g de farfalline sèches
2 c. à s. d'huile d'olive vierge extra
3 c. à s. de feuilles de basilic frais
sel, poivre noir du moulin

Préchauffez le four à 200 °C (th. 6-7). Mettez les tomates, le fenouil et l'ail sur une grande plaque allant au four. Arrosez-les avec 1 c. à s. d'huile d'olive. Salez, poivrez. Enfournez 40 minutes. Quand le fenouil est cuit, sortez la plaque du four. Laissez refroidir. Pelez l'ail et jetez les peaux.

Décortiquez les crevettes, gardez les queues. Supprimez la nervure centrale. Faites chauffer les 2 c. à s. d'huile d'olive dans une poêle et faites-y sauter les crevettes 3 minutes à feu moyen.

Pendant ce temps, faites cuire les pâtes *al dente* dans un grand volume d'eau bouillante salée, puis égouttez-les. Mettez l'ail grillé, l'huile d'olive vierge extra et le basilic dans un mortier. Écrasez-les au pilon jusqu'à l'obtention d'une pâte homogène et incorporez cette dernière dans les pâtes. Disposez les farfalline sur des assiettes, couvrez de tomates et de fenouil et terminez par les crevettes. Servez aussitôt.

30 minutes de préparation - 30 minutes de cuisson - pour 4 personnes

fusilli au saumon et à la sauce au poivre vert

4 filets de saumon
1 c. à s. d'huile d'olive
4 oignons nouveaux pelés et émincés
55 g de grains de poivre vert en saumure, égouttés et légèrement pilés
30 cl de crème fraîche épaisse
200 g de pois gourmands
400 g de fusilli secs
100 g de pecorino pepato râpé (fromage au lait de brebis avec des grains de poivre noir)
sel

Préchauffez le four à 200 °C (th. 6-7). Déposez les filets de saumon dans un grand plat à gratin chemisé de papier sulfurisé et enfournez 10 minutes. Retirez le plat du four et laissez tiédir, puis détaillez le saumon en gros morceaux et réservez.

Faites chauffer l'huile dans une grande poêle et faites cuire l'oignon nouveau 2 minutes à feu moyen. Ajoutez les grains de poivre vert et la crème fraîche et poursuivez la cuisson 5 à 10 minutes jusqu'à épaississement de la crème. Pendant ce temps, faites cuire les pois gourmands 2 minutes à la vapeur, rafraîchissez-les sous l'eau froide et réservez.

Faites cuire les pâtes *al dente* dans un grand volume d'eau bouillante salée et égouttez. Servez les fusilli dans un grand saladier. Couvrez de saumon, de pois gourmands et de sauce au poivre. Saupoudrez de pecorino râpé. Servez aussitôt.

15 minutes de préparation - 35 minutes de cuisson - pour 4 à 6 personnes

FUSILLI AU SAUMON ET SAUCE AU POIVRE VERT

GNOCCHI AU SAFRAN, AUX CREVETTES ET AUX PETITS POIS

gnocchi au safran, aux crevettes et aux petits pois

400 g de pommes de terre de type bintje
1 c. à c. de filaments de safran
1 c. à s. de lait
50 g de farine
1 c. à s. d'huile d'olive
500 g de crevettes crues
12,5 cl de vin blanc
155 g de petits pois frais ou congelés
185 g de fèves cuites
100 g de beurre
2 c. à s. de jus de citron
sel, poivre noir du moulin

Faites cuire les pommes de terre à la vapeur, pelez-les et réduisez-les en purée. Faites tremper le safran dans le lait chaud. Ajoutez à la purée le safran, puis la farine. Salez, poivrez. Malaxez le tout pour obtenir une pâte homogène. Divisez cette pâte en 4 portions et formez des longs boudins en roulant la pâte sur un plan de travail légèrement fariné. Découpez les boudins en tronçons de 3 cm et aplatissez-les légèrement avec les dents d'une fourchette. Laissez les gnocchi refroidir 30 minutes.

Décortiquez les crevettes, supprimez la nervure centrale. Faites chauffer l'huile dans une grande poêle, ajoutez les crevettes et laissez frire 3 minutes à feu moyen. Sortez les crevettes et réservez-les. Versez le vin dans la poêle et laissez réduire de moitié. Ajoutez les crevettes, les petits pois, les fèves, le beurre et le jus de citron et laissez cuire jusqu'à ce que les petits pois soient bien cuits.

Faites cuire les gnocchi dans un grand volume d'eau bouillante salée. Quand ils remontent à la surface, sortez-les à l'aide d'une écumoire. Servez aussitôt les gnocchi dans des assiettes creuses, nappés de la sauce.

30 minutes de préparation - 30 minutes de refroidissement - 30 minutes de cuisson - Pour 4 personnes

fettuccine aux noix de Saint-Jacques et aux poireaux

400 g de fettucine au safran
2 citrons
2 c. à s. d'huile d'olive
300 g de noix de Saint-Jacques fraîches
12,5 cl de vin blanc sec
100 g de beurre
3 gousses d'ail pelées et pilées
1 poireau émincé
2 c. à s. de ciboulette ciselée
sel et poivre noir du moulin

Faites cuire les pâtes *al dente* dans un grand volume d'eau bouillante salée. Égouttez-les. Prélevez le zeste des citrons, puis pressez-les. Réservez.

Faites chauffer l'huile dans une poêle et faites-y revenir les noix de Saint-Jacques 2 à 3 minutes. Ôtez-les de la poêle et réservez-les.

Versez le vin dans la poêle. Portez à ébullition en grattant le fond de la poêle pour décoller les résidus. Ajoutez le beurre, l'ail et le poireau émincé et laissez cuire 5 minutes. Quand le poireau a fondu, incorporez les noix de Saint-Jacques avec le zeste et le jus des citrons. Salez, poivrez. Servez les nids de fettuccine couverts de sauce et agrémentez le tout de ciboulette ciselée.

15 minutes de préparation - 15 minutes de cuisson - pour 4 personnes

FETTUCCINE AUX SAINT-JACQUES ET AUX POIREAUX

Faites frire les sardines et saupoudrez-les généreusement de sel.

SPAGHETTI AUX SARDINES ET AUX CÂPRES

SALADE DE TRUITE FUMÉE, À LA CIBOULE ET À L'OSEILLE

spaghetti aux sardines et aux câpres

3 c. à s. d'huile d'olive
100 g de chapelure grossière du pain de la veille
2 gousses d'ail pelées et pilées
1 c. à s. de zeste de citron
500 g de filets de sardine
300 g de spaghetti secs
100 g de tomates séchées hachées
2 c. à s. de câpres
2 c. à s. de persil ciselé
2 c. à s. de jus de citron
2 c. à s. d'huile d'olive vierge extra
sel de mer, poivre noir du moulin

Faites chauffer 2 c. à s. d'huile dans une grande poêle, ajoutez la chapelure, l'ail et le zeste de citron et laissez cuire 5 minutes à feu moyen, en remuant, jusqu'à ce que le pain soit doré et croustillant. Ôtez la chapelure de la poêle. Faites chauffer le reste d'huile et faites cuire les sardines à feu moyen en les retournant afin qu'elles soient bien dorées de chaque côté.

Faites cuire les pâtes *al dente* dans un grand volume d'eau bouillante salée et égouttez. Ajoutez la chapelure, les tomates séchées, les câpres et le persil. Couvrez des sardines et arrosez du jus de citron et d'huile d'olive. Salez, poivrez. Servez aussitôt.

20 minutes de préparation - 20 minutes de cuisson - pour 4 personnes

salade de truite fumée, à la ciboule et à l'oseille

400 g de trifolie secs
1 c. à s. d'huile d'olive
1 bulbe de fenouil émincé
155 g de petits pois frais ou congelés
400 g de truite fumée sans la peau la chair émiettée en gros morceaux
100 g d'oseille
1 c. à s. de citron en saumure émincé
200 g de ricotta émiettée
2 œufs durs râpés
50 g de parmesan finement râpé
2 c. à s. d'aneth ciselé
1 c. à s. de menthe ciselée
sel, poivre noir concassé

Faites cuire les pâtes *al dente* dans un grand volume d'eau bouillante, égouttez et réservez.

Faites chauffer l'huile dans une casserole et laissez revenir le fenouil 5 minutes à feu moyen. Quand il commence à dorer, ajoutez les petits pois et poursuivez la cuisson.

Mettez les pâtes, le fenouil, les petits pois, la truite fumée et l'oseille dans un grand saladier et remuez bien le tout.

Mélangez le citron en saumure, la ricotta, l'œuf, le parmesan, l'aneth et la menthe dans un autre récipient, incorporez cette préparation dans les pâtes au fenouil et mélangez délicatement pour les enrober de tous les ingrédients. Salez, poivrez. Servez aussitôt.

15 minutes de préparation - 15 minutes de cuisson - pour 4 personnes

pâtes et fruits de mer

cheveux d'ange à l'encre de seiche et à l'ail

500 g de calamars nettoyés
12,5 cl d'huile d'olive
1 c. à c. de graines de fenouil
3 gousses d'ail pilées
1/2 c. à c. d'éclats de piment
2 c. à s. de jus de citron
300 g de cheveux d'ange à l'encre de seiche
100 g de feuilles de basilic frais
sel, poivre noir du moulin

Découpez les calamars en anneaux fins. Faites chauffer l'huile dans une grande poêle et saisissez les graines de fenouil 1 minute à feu moyen. Ajoutez l'ail et les éclats de piment et poursuivez la cuisson 2 minutes.

Incorporez les calamars et le jus de citron et laissez cuire 5 minutes à couvert.

Faites cuire les pâtes *al dente* dans un grand volume d'eau bouillante salée et égouttez. Ajoutez les pâtes et les feuilles de basilic dans la poêle et remuez pour les enrober de la sauce. Salez, poivrez. Servez aussitôt.

20 minutes de préparation - 15 minutes de cuisson - pour 4 personnes

CHEVEUX D'ANGE À L'ENCRE DE SEICHE ET À L'AIL

Ayez la main légère avec le piment pour qu'il ne domine pas le goût subtil du crabe.

LINGUINE AU PIMENT, AU CRABE ET À L'HUILED'ORIGAN

linguine au piment et au crabe

400 g de linguine sèches
1 c. à s. d'huile d'olive
50 g de beurre
1 gousse d'ail pelée et pilée
1/2 c. à c. d'éclats de piment
300 g de chair de crabe
1 c. à c. de zeste de citron
2 c. à s. de jus de citron
sel

POUR L'HUILE D'ORIGAN
2 c. à s. d'huile d'olive vierge extra
1 c. à s. d'origan frais
1 c. à s. de persil plat frais
sel, poivre noir du moulin

Faites cuire les pâtes al dente dans un grand volume d'eau bouillante salée. Égouttez. Faites chauffer 1 c. à s. d'huile d'olive et le beurre dans une poêle et laissez revenir l'ail et le piment 1 minute. Ajoutez le crabe, le zeste et le jus de citron et poursuivez la cuisson 3 minutes. Incorporez les pâtes et mélangez le tout.

Préparez l'huile d'origan. Versez le reste d'huile d'olive dans un mortier, ajoutez l'origan, le persil. Salez, poivrez. Écrasez le tout au pilon. Versez cette huile sur les pâtes, remuez. Servez aussitôt.

10 minutes de préparation - 15 minutes de cuisson - pour 4 personnes

gratin de conchiglie aux fruits de mer

1 oignon pelé et coupé en deux
2 clous de girofle
1 feuille de laurier
1 pincée de filaments de safran
1 litre de lait
250 g de crevettes crues
200 g de moules
200 g de calamars
50 g de beurre
3 c. à s. de farine
500 g de poisson blanc à chair ferme détaillé en gros dés
3 c. à s. de persil, ciselé
2 c. à s. de ciboulette ciselée
300 g de conchiglie sèches
3 c. à s. de parmesan frais râpé
sel, poivre noir du moulin

Plantez un clou de girofle dans chaque moitié d'oignon et mettez-les dans une casserole avec la feuille de laurier, le safran et le lait. Aux premiers bouillons, laissez frémir 5 minutes, puis ôtez l'oignon et le laurier. Réservez ce lait aromatisé.

Préchauffez le four à 180 °C (th. 5-6). Décortiquez les moules et les crevettes en ôtant la nervure centrale. Émincez les calamars.

Faites fondre le beurre dans une autre casserole, ajoutez la farine et laissez blondir 1 minute à feu moyen. Retirez la casserole du feu et incorporez le lait petit à petit. Laissez épaissir cette béchamel sur le feu sans cesser de remuer. Laissez mijoter 10 minutes. Ajoutez les crevettes, les calamars, les moules, le poisson, le persil et la ciboulette. Salez, poivrez.

Faites cuire les pâtes *al dente* dans un grand volume d'eau bouillante salée, rincez et égouttez. Garnissez les pâtes de la sauce et disposez-les dans un plat à gratin. Saupoudrez de parmesan et enfournez 40 minutes. Servez bien chaud.

40 minutes de préparation - 40 minutes de cuisson - pour 4 à 6 personnes

GRATIN DE CONCHIGLIE AUX FRUITS DE MER

spaghetti alle vongole

2 kg de palourdes fraîches
10 cl d'huile d'olive
3 oignons nouveaux pelés et émincés
2 gousses d'ail pelées et pilées
1/2 c. à c. d'éclats de piment
1 c. à s. de zeste de citron râpé
2 c. à s. de persil ciselé
15 cl de vin blanc
250 g de spaghetti secs
sel, poivre noir du moulin

Grattez et brossez les palourdes sous l'eau et laissez-les tremper 30 minutes dans l'eau froide, en changeant l'eau autant de fois que nécessaire jusqu'à ce qu'elle soit claire ; vous enlèverez ainsi le sable resté dans les palourdes.

Faites chauffer l'huile dans une grande poêle et faites-y revenir les oignons, l'ail, le piment, le zeste de citron et le persil 1 minute à feu moyen. Versez le vin et portez à ébullition. Laissez bouillir 3 minutes, puis réduisez le feu. Ajoutez les palourdes et laissez frémir 5 minutes, le temps que les coquilles s'ouvrent. Jetez tous les coquillages qui ne se sont pas ouverts.

Faites cuire les pâtes *al dente* dans un grand volume d'eau bouillante salée. Égouttez-les. Incorporez les pâtes aux palourdes et prolongez la cuisson 2 minutes, de sorte que les spaghetti soient bien enrobés de sauce. Salez, poivrez. Servez aussitôt.

10 minutes de préparation - 30 minutes de trempage - 15 minutes de cuisson - pour 4 à 6 personnes

pâtes et fruits de mer

trifolie au thon et à la salsa verde

1 aubergine émincée
2 steaks de thon coupés en gros morceaux
2 à 3 c. à s. d'huile d'olive
3 tomates coupées en dés
200 g de trifolie sèches
sel

POUR LA SALSA VERDE
100 g de persil plat, ciselé
1 c. à s. de cornichons hachés
2 c. à s. de petites câpres
1 c. à s. d'anchois hachés
2 gousses d'ail pelées et hachées
3 c. à s. de vinaigre de vin rouge
10 cl d'huile d'olive vierge extra

Préchauffez le gril à température élevée. Préparez la salsa verde, mélangez le persil, les cornichons, les câpres, les anchois et l'ail dans un saladier. Incorporez le vinaigre et l'huile d'olive et réservez.

Badigeonnez l'aubergine et les steaks de thon d'huile d'olive. Faites cuire le tout au four pendant 5 à 10 minutes en retournant les aubergines et le poisson.

Faites cuire les pâtes *al dente* dans une grande casserole d'eau bouillante salée. Égouttez-les et remettez-les dans la casserole. Incorporez la salsa verde et mélangez bien le tout.

Disposez le thon, les aubergines et les tomates sur des assiettes de service, couvrez avec les pâtes. Servez aussitôt.

20 minutes de préparation - 30 minutes de cuisson - pour 4 personnes

pâtes et poulet

risoni au poulet et au maïs

1 c. à s. d'huile d'olive
1 poireau finement émincé
2 gousses d'ail pelées et hachées
300 g de blancs de poulet hachés sans la peau
200 g de grains de maïs frais ou congelés
75 cl de bouillon de volaille
215 g de risoni
50 g de parmesan frais, râpé
2 c. à c. de feuilles de thym frais
sel, poivre noir du moulin

Faites chauffer l'huile dans une grande casserole et faites-y dorer le poireau 5 minutes à feu moyen. Ajoutez l'ail et laissez cuire 1 minute, puis le poulet et poursuivez la cuisson 5 minutes. Quand le poulet est bien doré incorporez le maïs et le bouillon. Portez à ébullition, puis ajoutez les risoni et laissez cuire encore 7 minutes.

Quand le poulet et les risoni sont cuits, incorporez le parmesan râpé et les feuilles de thym. Salez, poivrez. Servez aussitôt.

15 minutes de préparation - 30 minutes de cuisson - pour 4 personnes

RAVIOLI AU POULET AU BEURRE D'HERBES CITRONNÉ

ravioli au poulet au beurre d'herbes citronné

500 g de pâte fraîche (voir page 18)
15 cl d'huile d'olive
250 g de blanc de poulet haché
1 gousse d'ail pelée et pilée
100 g de ricotta
1 jaune d'œuf
1 c. à s. de zeste de citron
1 blanc d'œuf
50 g de beurre
2 c. à s. de jus de citron
8 feuilles de sauge fraîche
2 c. à s. de feuilles de thym frais
2 c. à s. de parmesan râpé
sel

Préparez la pâte selon les instructions de la page 18, couvrez et réservez.

Faites chauffer 5 cl d'huile d'olive dans une poêle, faites-y revenir le poulet 5 minutes, ajoutez l'ail et poursuivez la cuisson 5 minutes. Laissez refroidir. Dans un saladier, mélangez la ricotta, le jaune d'œuf, le zeste de citron et le poulet.

Au rouleau, formez deux abaisses de pâte de la même taille. Étalez la première sur le plan de travail légèrement fariné et alignez deux rangées de petits tas de farce de la valeur d'une cuillerée à café le long de la pâte. Humectez légèrement les bords et le centre de la pâte avec du blanc d'œuf. Couvrez avec la deuxième abaisse. Pressez la pâte entre chaque tas de farce pour sceller les bords. Découpez les ravioli à l'aide d'un emporte-pièce rond.

Faites cuire les ravioli al dente dans un grand volume d'eau bouillante salée en procédant en plusieurs tournées. Pendant la cuisson des ravioli, faites chauffer 10 cl d'huile avec le beurre à la poêle. Quand le beurre commence à grésiller, ajoutez le jus de citron, la sauge et le thym et laissez frémir 2 minutes. Ôtez les ravioli avec une écumoire. Arrosez-les de beurre fondu. Saupoudrez de parmesan râpé. Servez aussitôt.

40 minutes de préparation - 30 minutes de cuisson - pour 4 personnes

poulet aux asperges et au brie façon lasagne

200 g de lasagne fraîches ou sèches (8 cm x 10 cm)
400 g de pointes d'asperges vertes
1 c. à s. d'huile d'olive
4 blancs de poulet sans la peau coupés en deux
12,5 cl de jus de citron
2 c. à s. de grains de poivre rose concassés
125 g de beurre
250 g de brie coupé en fines tranches
sel

Faites cuire les lasagne *al dente* dans un grand volume d'eau bouillante salée et égouttez-les. Réservez au chaud.

Faites cuire les asperges à la vapeur, jusqu'à ce qu'elles soient vert vif et égouttez-les. Réservez au chaud. Faites chauffer l'huile d'olive dans une grande casserole, ajoutez les blancs de poulet et laissez cuire 5 à 10 minutes à feu moyen. Ôtez le poulet de la poêle et réservez-le au chaud. Mettez le jus de citron, les grains de poivre et le beurre dans la casserole et laissez fondre le beurre.

Dans des assiettes de service, disposez une couche de feuilles de lasagne. Alternez ensuite un morceau de poulet, les asperges et le brie. Recommencez par une nouvelle couche de lasagne et terminez par le brie. Nappez de sauce au poivre rose.
Servez aussitôt.

25 minutes de préparation - 25 minutes de cuisson - pour 4 personnes

POULET AUX ASPERGES ET AU BRIE FAÇON LASAGNE

salade de fusilli au brie et au poulet fumé

200 g de fusilli secs
500 g de poulet fumé émincé
200 g de brie coupé en dés
1 poire pelée et émincée
100 g de roquette
50 g de copeaux de parmesan
50 g de cerneaux de noix
1/2 c. à c. de poivre noir concassé
1 c. à s. de vinaigre de vin blanc
2 gousses d'ail pelées et pilées
1 c. à c. de moutarde de Dijon
1 c. à c. de miel liquide
3 c. à s. d'huile d'olive vierge extra
sel

Faites cuire les pâtes *al dente* dans un grand volume d'eau bouillante salée, rincez-les sous l'eau courante et égouttez-les soigneusement.

Mettez le poulet, le brie, la poire, la roquette, le parmesan, les noix et les pâtes dans un grand saladier et mélangez délicatement le tout.

Fouettez ensemble le poivre, le vinaigre, l'ail, la moutarde, le miel et l'huile d'olive et versez la sauce dans le saladier. Mélangez la salade et servez aussitôt.

15 minutes de préparation - 10 minutes de cuisson - pour 4 à 6 personnes

gratin de bucatini au poulet et aux champignons

400 g de bucatini secs
1 c. à s. d'huile d'olive
500 g de blanc de poulet haché
3 tranches de lard fumé haché
300 g de champignons de Paris émincés
25 cl de vin blanc
50 cl de crème fraîche épaisse
1 c. à s. de thym citronné ciselé
100 g de parmesan finement râpé
sel, poivre noir du moulin

Préchauffez le four à 180 °C (th. 5-6). Faites cuire les pâtes *al dente* dans un grand volume d'eau bouillante salée, égouttez-les et réservez.

Faites chauffer l'huile dans une grande poêle et faites-y revenir le poulet 5 minutes à feu moyen. Ajoutez le lard et les champignons et laissez cuire. Quand les champignons sont dorés, versez le vin et laissez bouillir jusqu'à évaporation presque complète du liquide. Incorporez la crème fraîche et le thym, couvrez et poursuivez la cuisson 10 minutes. Salez, poivrez. Versez les pâtes cuites dans la poêle avec la moitié du parmesan et mélangez bien le tout.

Transférez cette préparation dans un plat à gratin, saupoudrez du parmesan qui reste. Enfournez 40 minutes jusqu'à ce que les pâtes soient dorées et croustillantes.

25 minutes de préparation - 40 minutes de cuisson - pour 4 personnes

SALADE DE FUSILLI AU BRIE ET AU POULET FUMÉ

GRATIN DE BUCATINI AU POULET ET AUX CHAMPIGNONS

Préparez les gratins dans des timbales individuelles ou un grand plat.

salade de farfalle au poulet, aux tomates et aux olives

250 g de farfalle fraîches
2 c. à s. d'huile d'olive
3 gousses d'ail pelées et pilées
150 g d'olives de Kalamata dénoyautées et écrasées
100 g de tomates séchées hachées
30 g de feuilles de persil ciselé
6 anchois hachés
2 c. à s. de câpres hachées
la viande d'un poulet rôti détaillée en morceaux sans la peau
copeaux de parmesan
sel

Mettez les pâtes à cuire dans un grand volume d'eau bouillante salée.

Pendant ce temps, mélangez l'huile d'olive, l'ail, les olives, les tomates, le poulet, le persil, les anchois et les câpres dans un grand saladier. Salez légèrement.

Égouttez les pâtes quand elles sont *al dente*. Versez-les dans un saladier. Versez le mélange précédent sur les pâtes et mélangez soigneusement. Saupoudrez de copeaux de parmesan. Servez aussitôt.

25 minutes de préparation – 35 minutes de cuisson – pour 4 personnes

FETTUCINE AU POULET, À LA FETA ET AU BASILIC

fettuccine au poulet, à la feta et au basilic

400 g de fettuccine sèches
3 c. à s. d'huile d'olive
3 blancs de poulet sans la peau
25 g de petites feuilles de basilic frais
3 tomates mûres hachées
100 g de grosses câpres
150 g de feta grossièrement émiettée
sel, poivre noir concassé

Faites cuire les pâtes al dente dans un grand volume d'eau bouillante salée.

Pendant ce temps, faites chauffer 1 c. à s. d'huile d'olive dans une poêle et laissez cuire le poulet 10 minutes à feu moyen. Réservez le poulet et laissez-le tiédir avant de le détailler en gros morceaux. Faites chauffer le reste d'huile dans la poêle et laissez frire les feuilles de basilic jusqu'à ce qu'elles soient croustillantes.

Égouttez les pâtes. Versez-les dans un grand plat. Incorporez poulet, les feuilles de basilic, les tomates et les câpres. Saupoudrez de feta émiettée et assaisonnez de poivre noir concassé. Servez aussitôt.

15 minutes de préparation - 20 minutes de cuisson - pour 4 personnes

conchiglie au safran, au fenouil et au poulet

1⁄4 c. à c. de filaments de safran
1 c. à s. d'huile d'olive
1 bulbe de fenouil finement émincé
2 gousses d'ail pelées et pilées
1 poivron rouge finement émincé
2 tranches de lard fumés hachées
500 g de blanc de poulet émincé
25 cl de vin blanc
30 cl de crème fraîche épaisse
2 c. à s. de tiges de fenouil hachées
400 g de conchiglie sèches
sel, poivre noir du moulin

Faites tremper les filaments de safran 10 minutes dans 2 c. à s. d'eau chaude.

Faites chauffer l'huile dans une grande poêle et laissez cuire le fenouil 10 minutes à feu moyen. Quand il caramélise, ajoutez l'ail, le poivron et le lard, poursuivez la cuisson 5 minutes. Incorporez ensuite le poulet et laissez cuire encore 5 minutes, pour qu'il soit bien doré.

Versez le vin en grattant le fond de la poêle pour récupérer les sucs. Laissez cuire à feu vif jusqu'à évaporation presque complète du liquide. Ajoutez la crème fraîche et le safran, et poursuivez la cuisson 5 minutes, le temps que la sauce réduise et épaississe. Incorporez les tiges de fenouil. Salez, poivrez.

Faites cuire les pâtes *al dente* dans un grand volume d'eau bouillante salée et égouttez-les. Transférez les pâtes dans la poêle et faites-les réchauffer 3 minutes pour qu'elles soient bien enrobées de sauce.

15 minutes de préparation - 25 minutes de cuisson - pour 4 personnes

CONCHIGLIE AU SAFRAN, AU FENOUIL ET AU POULET

cannelloni au poulet, à la ricotta et au potiron grillé

400 g de potiron pelé et épépiné
2 c. à s. d'huile d'olive
2 blancs de poulet
1 c. à s. de romarin ciselé
2 c. à s. de pignons grillés
200 g de ricotta fraîche
12 feuilles de lasagne précuites (20 cm x 20 cm)

POUR LA SAUCE
125 g de beurre doux
1/2 oignon pelé et haché
3 c. à s. de farine
1 litre de lait
200 g de fromage râpé
1 c. à c. de zeste de citron
2 c. à s. de persil ciselé
2 c. à s. de parmesan râpé
1 c. à s. de câpres hachées
sel, poivre noir du moulin

Préchauffez le four à 200 °C (th. 6-7). Disposez le potiron coupé en cubes dans un plat allant au four. Enfournez 25 à 30 minutes. Quand le potiron est cuit, sortez-le du four et laissez refroidir 15 minutes. Laissez le four allumé.

Pendant la cuisson du potiron, faites chauffer 1 c. à s. d'huile dans une poêle et faites-y revenir le poulet 10 à 15 minutes à feu moyen. Quand il est doré, réservez le poulet et laissez-le tiédir avant de le détailler en petits morceaux. Mettez ces derniers dans un grand saladier avec le potiron, le romarin, les pignons et la ricotta. Mélangez bien cette farce.

Beurrez légèrement un plat à gratin de 20 cm x 35 cm. Déposez 2 c. à s. de farce au bout des feuilles de lasagne précuites et égouttées. Roulez la pâte sur la garniture. Alignez les cannelloni en une seule couche dans le plat à gratin.

Préparez la sauce. Faites fondre le beurre dans une casserole et laissez-y dorer les oignons 5 minutes à feu moyen. Ajoutez la farine et mélangez jusqu'à ce qu'elle blondisse. Ôtez la casserole du feu et incorporez le lait petit à petit. Remettez la casserole sur le feu et laissez chauffer 15 minutes sans cesser de remuer jusqu'à ce que la sauce bout et épaississe. Ajoutez le fromage et le zeste de citron et laissez chauffer 10 minutes.

Nappez les cannelloni de sauce. Mélangez le persil, le parmesan, les câpres, ½ c. à c. de sel et ½ c. à c. de poivre noir fraîchement moulu dans un bol. Saupoudrez le dessus des cannelloni de ce mélange et enfournez pendant 40 minutes. Servez bien chaud.

1 heure de préparation - 1 heure de cuisson - pour 4 personnes

penne aux poulet, tomates cerises et pesto de basilic

2 c. à s. d'huile d'olive
4 blancs de poulet
1 c. à s. de jus de citron
300 g de tomates cerises
400 g de penne sèches

POUR LE PESTO DE BASILIC
50 g de feuilles de basilic frais
1 gousse d'ail pelée et pilée
1 c. à s. de pignons grillés
20 g de parmesan frais râpé
12,5 cl d'huile d'olive
sel

Faites chauffer l'huile dans une poêle et faites-y revenir le blanc de poulet pendant 10 à 15 minutes à feu moyen. Réservez le poulet hors de la poêle et laissez-le refroidir légèrement avant de l'émincer finement.

Mettez le jus de citron et les tomates cerises dans la poêle et laissez cuire jusqu'à ce que la peau des tomates éclate. Ôtez les tomates de la poêle et réservez-les.

Préparez le pesto. Mettez le basilic, l'ail, les pignons et le parmesan dans un mortier, écrasez grossièrement le tout à l'aide d'un pilon et versez l'huile d'olive dessus en filet. Mélangez bien le tout. Salez. Réservez le pesto.

Faites cuire les pâtes *al dente* dans un grand volume d'eau bouillante salée et égouttez-les. Remettez les penne dans la casserole, avec le poulet et le pesto. Mélangez, incorporez délicatement les tomates cerises. Servez aussitôt.

25 minutes de préparation - 40 minutes de cuisson - pour 4 à 6 personnes

Nappez les penne de pesto juste avant de servir pour que ce dernier ne blanchisse pas.

fettuccine aux artichauts, à la tomate et au poulet

1 c. à s. d'huile d'olive
1 oignon pelé et finement haché
2 gousses d'ail pelées et pilées
300 g de blanc de poulet haché sans la peau
200 g d'olives noires dénoyautées
200 g de cœurs d'artichauts marinés émincés en quartiers
800 g de tomates concassées en boîte
1 c. à c. de zeste d'orange râpé
1 c. à s. de feuilles de romarin frais
400 g de fettuccine sèches
100 g de pousses d'épinards frais
50 g copeaux de parmesan
sel de mer, poivre noir du moulin

Faites chauffer l'huile dans une grande poêle et faites-y dorer l'oignon 5 minutes à feu moyen. Ajoutez l'ail, laissez fondre 1 minute, puis ajoutez le poulet et poursuivez la cuisson pendant 5 minutes. Incorporez les olives, les cœurs d'artichauts, les tomates et le zeste d'orange. Portez à ébullition, puis réduisez le feu et laissez frémir le tout 20 minutes. Quand la sauce épaissit, ajoutez le romarin. Salez, poivrez. Réservez au chaud.

Faites cuire les pâtes al dente dans un grand volume d'eau bouillante salée. Servez les fettuccine sur des assiettes individuelles, répartissez dessus les épinards, nappez de la sauce et agrémentez de copeaux de parmesan.

20 minutes de préparation - 20 minutes de cuisson - pour 4 personnes

PAPPARDELLE AU RAGÙ DE POULET

Laissez mijoter le ragù de poulet pour que la sauce soit onctueuse et épaisse.

pâtes et poulet

pappardelle au ragù de poulet

4 c. à s. d'huile d'olive
1 oignon pelé et haché
1 poireau émincé
3 tomates coupées en dés
2 carottes pelées et hachées
1 feuille de laurier
1 c. à c. de paprika
1/2 c. à c. d'origan déshydraté
1,5 litre de bouillon de poulet (ou de canard)
1 canard cuit au barbecue
1 c. à s. de farine
400 g de pappardelle
copeaux de parmesan
sel, poivre noir concassé

Faites chauffer l'huile dans une grande casserole. Faites-y revenir l'oignon. Ajoutez le poireau, les tomates, les carottes, 1 c. à c. de sel et 1 c. à c. de poivre, puis laissez cuire 10 minutes à feu moyen. Ajoutez la feuille de laurier, le paprika et l'origan. Versez le bouillon. Portez le tout à ébullition, puis réduisez le feu. Laissez mijoter 30 à 40 minutes. Le bouillon doit réduire de moitié.

Désossez et dépecez le poulet. Détaillez la viande en gros morceaux. Saupoudrez-les de farine et plongez-les dans le bouillon. Laissez mijoter à nouveau pendant 10 minutes.

Faites cuire les pâtes *al dente* dans une grande casserole d'eau bouillante salée. Égouttez-les et remettez-les dans la casserole. Si le bouillon a trop réduit, allongez-le avec un peu d'eau des pâtes.

Versez le *ragù* de poulet dans les pâtes et mélangez. Servez les pappardelle garnies d'une belle portion de copeaux de parmesan.

25 minutes de préparation - 1 heure de cuisson - pour 4 à 6 personnes

TIMBALES AU POULET, À LA PANCETTA ET AUX PETITS POIS

timbales au poulet, à la pancetta et aux petits pois

200 g de penne rigate sèches
1 c. à s. d'huile d'olive
1 oignon pelé et haché
2 gousses d'ail pelées et pilées
100 g de pancetta
500 g de blanc de poulet finement haché
155 g de petits pois précuits
50 g de beurre
30 g de farine
25 cl de lait
50 g de parmesan râpé
2 c. à s. de basilic ciselé
sel, poivre noir du moulin

Faites cuire les pâtes al dente dans un grand volume d'eau bouillante salée. Égouttez-les, versez dessus un filet d'huile d'olive, étalez-les sur une plaque à pâtisserie et laissez-les refroidir.

Pendant ce temps, faites chauffer l'huile dans une grande poêle et laissez-y dorer l'oignon 5 minutes à feu moyen. Ajoutez l'ail et la pancetta, laissez cuire jusqu'à ce que celle-ci croustille, puis ajoutez le poulet et poursuivez la cuisson 10 minutes. Incorporez les petits pois et retirez la poêle du feu.

Faites fondre le beurre dans une casserole, ajoutez la farine et laissez cuire 2 minutes en remuant. Quand le mélange blondit, retirez la casserole du feu et incorporez le lait petit à petit. Remettez la casserole sur le feu et laissez cuire, en remuant, jusqu'à ce que la sauce bout et épaississe. Ajoutez 30 g de parmesan,
la préparation à base de poulet et le basilic. Salez, poivrez. Mélangez bien le tout. Retirez la casserole du feu, couvrez et laissez refroidir 15 minutes.

Préchauffez le four à 160 °C (th. 3-4). Huilez 4 ramequins d'une contenance de 30 cl. Tapissez le fond et les parois de pâtes. Garnissez les ramequins avec le mélange précédent. Déposez-les dans un grand plat à gratin rempli d'eau à mi-hauteur. Couvrez et enfournez le bain-marie 30 minutes. Démoulez les ramequins sur les assiettes de service. Servez saussitôt.

1 heure de préparation - 50 minutes de cuisson - pour 4 personnes

pâtes et viandes

lasagne de bœuf

2 c. à s. d'huile d'olive
1 oignon pelé et haché
1 carotte pelée et hachée
2 branches de céleri hachées
2 gousses d'ail pelées pilées
500 g de viande de bœuf hachée
12,5 cl de vin rouge
800 g de tomates concassées en boîte
25 cl de bouillon de bœuf
1 feuille de laurier
8 feuilles de lasagne fraîches ou sèches
150 g de mozzarella râpée
50 g de parmesan râpé

POUR LA BÉCHAMEL
50 g de beurre
3 c. à s. de farine
50 cl de lait
10 cl de crème fraîche épaisse
noix de muscade fraîchement râpée
sel, poivre noir du moulin

Faites chauffer l'huile dans une grande poêle et faites-y dorer l'oignon 5 minutes à feu moyen. Ajoutez la carotte et le céleri, laissez cuire 10 minutes à couvert. Incorporez l'ail et le bœuf et poursuivez la cuisson 10 minutes en remuant. Quand la viande blondit, versez le vin et laissez cuire à feu vif jusqu'à ce qu'il s'évapore. Incorporez les tomates, le bouillon et la feuille de laurier. Couvrez et laissez mijoter 1 heure, jusqu'à épaississement du mélange.

Préchauffez le four à 180 °C (th. 5-6) et beurrez un plat à lasagne rectangulaire.

Préparez la béchamel. Faites fondre le beurre dans une casserole, ajoutez la farine et laissez blondir 2 minutes à feu moyen. Retirez la casserole du feu et incorporez le lait, puis la crème petit à petit. Remettez la casserole sur le feu et poursuivez la cuisson, tout en remuant, jusqu'à l'obtention d'une sauce épaisse et onctueuse. Laissez mijoter 5 minutes. Incorporez la noix de muscade. Salez, poivrez.

Versez une partie de la garniture à la viande dans le fond du plat, couvrez d'une couche de lasagne. Étalez une nouvelle couche de garniture, couvrez d'une autre couche de lasagne, de la moitié de la béchamel et ainsi de suite en terminant par une couche de béchamel.

Mélangez la mozzarella et le parmesan dans un bol et saupoudrez la béchamel de ce mélange. Enfournez 40 minutes. Laissez reposer 10 minutes avant de servir.

40 minutes de préparation - 1 heure de cuisson - pour 6 à 8 personnes

coquillettes au jambon, aux petits pois et à la ciboulette

100 g de jambon blanc coupé en dés
400 g de coquillettes
250 g de petits pois frais ou congelés
25 cl de crème liquide
80 g de beurre
100 g de parmesan
1 c. à s. de ciboulette ciselée

Faites fondre le beurre dans une grande poêle et faites-y le jambon et les petits pois quelques minutes à feu doux.Ajoutez la crème et la moitié du parmesan et mélangez . Laissez mijoter 10 minutes à feu doux. Pendant ce temps, faites cuire les pâtes *al dente* dans un grand volume d'eau bouillante salée.

Égouttez les pâtes, puis incorporez le jambon, les petits pois et le reste de parmesan. Saupoudrez de ciboulette avant de servir.

10 minutes de préparation - 10 minutes de cuisson - pour 4 personnes

TORTELLINI DE VEAU AU CONSOMMÉ DE SAFRAN

PAPPARDELLE AU JARRET D'AGNEAU ET AUX TOMATES GRILLÉES

tortellini de veau au consommé de safran

1 boule de pâte (voir page 18) ou 24 wontons (feuilles de pâtes à ravioli)
1 c. à s. d'huile d'olive
1 petit poireau haché
1 gousse d'ail pelée et pilée
250 g de viande de veau hachée
1/2 c. à s. de sauge fraîche hachée
50 g de pousses d'épinards frais
6 cl de crème fraîche épaisse
1 jaune d'œuf légèrement battu
25 g de parmesan finement râpé
50 cl de consommé de poulet
1 pincée de filaments de safran
1 c. à s. de zeste de citron
noix de muscade fraîchement râpée
farine

Préparez la pâte selon les instructions de la page 18, couvrez et réservez.

Faites chauffer l'huile dans une poêle et laissez dorer le poireau 5 minutes. Ajoutez l'ail, saisissez-le 1 minute, puis incorporez la viande de veau et poursuivez la cuisson. Quand le veau commence à dorer, ajoutez la sauge, la noix de muscade, les épinards et la crème fraîche et laissez cuire jusqu'à épaississement de la sauce. Retirez la poêle du feu, laissez refroidir 15 minutes et incorporez le jaune d'œuf et le parmesan.

Étalez une feuille de pâte fraîche sur le plan de travail légèrement fariné et découpez-la en carrés de 10 cm. Déposez 1 c. à c. de garniture au centre de chaque carré, badigeonnez les bords avec de l'eau et refermez les tortellini en triangle en pinçant bien les bords.

Dans une casserole, portez le consommé de poulet, le safran et le zeste de citron à ébullition. Plongez les pâtes dans le consommé et laissez-les cuire *al dente*. Servez les tortellini dans un fond de consommé au safran.

1 heure 15 de préparation - 5 minutes de cuisson - pour 4 personnes

pappardelle au jarret d'agneau et aux tomates grillées

2 c. à s. d'huile d'olive
4 jarrets d'agneau
1 oignon pelé et haché
2 gousses d'ail pelées et pilées
25 cl de vin rouge
50 cl de bouillon de bœuf
800 g de tomates concassées en boîte
4 tomates olivettes coupées en deux
400 g de pappardelle fraîches
sel, poivre noir du moulin

Faites chauffer l'huile dans une grande cocotte à fond épais et faites-y revenir les jarrets d'agneaux à feu moyen, jusqu'à ce qu'ils soient dorés. Retirez les jarrets de la cocotte et réservez. À leur place, faites fondre l'oignon 10 minutes. Ajoutez l'ail et poursuivez la cuisson 1 minute. Versez le vin rouge, portez à ébullition, laissez cuire 5 minutes, puis incorporez le bouillon, les tomates concassées et les jarrets d'agneau. Portez le tout à ébullition, puis réduisez le feu et laissez mijoter 2 heures. La viande doit se détacher de l'os.

Préchauffez le four à 180 °C (th. 5-6).

Disposez les olivettes coupées en deux sur la plaque antiadhésive du four, arrosez-les d'un filet d'huile d'olive. Salez, poivrez. Enfournez 30 minutes.

Faites cuire les pâtes *al dente* dans un grand volume d'eau bouillante salée. Égouttez-les et répartissez-les dans des assiettes de service. Garnissez de tomates grillées et de la sauce au jarret d'agneau. Servez aussitôt.

35 minutes de préparation - 3 heures de cuisson - pour 4 personnes

spaghetti alla carbonara

400 g de spaghetti secs
4 œufs
3 gousses d'ail pelées et pilées
10 cl de crème fraîche épaisse
80 g de parmesan râpé
1 c. à s. d'huile d'olive
200 g de lard fumé détaillé en lardons
2 c. à s. de persil ciselé
sel, poivre noir concassé

Faites cuire les pâtes *al dente* dans un grand volume d'eau bouillante salée et égouttez. Cassez les œufs et battez-les avec l'ail pilé, la crème et 50 g de parmesan dans un saladier.

Faites chauffer l'huile dans une grande poêle et laissez-y revenir les lardons 3 minutes à feu moyen. Incorporez le mélange aux œufs, les lardons et le persil dans les pâtes cuites. Faites réchauffer le tout à feu doux, tout en remuant. Respectez bien la température du feu pour ne pas cuire les œufs. Répartissez les pâtes dans 4 assiettes de service. Assaisonnez de poivre noir concassé. Saupoudrez de parmesan. Servez aussitôt.

15 minutes de préparation - 25 minutes de cuisson - pour 4 personnes

timballo

2 c. à s. d'huile d'olive
1 oignon haché
2 gousses d'ail pelées et pilées
75 cl de viande de bœuf hachée
100 g de pancetta hachée
200 g de champignons de Paris émincés
1 feuille de laurier
2 brins de thym frais
12,5 cl de vin blanc
400 g de tomates concassées en boîte
100 g de provolone ou de parmesan râpé
9 œufs légèrement battus
6 cl de crème fraîche épaisse
3 c. à s. de basilic ciselé
400 g de ziti secs

Préchauffez le four à 180 °C (th. 5-6) et beurrez légèrement un moule à soufflé d'une contenance de 1,2 litre. Faites chauffer l'huile dans une grande casserole et laissez-y dorer l'oignon 5 minutes à feu moyen. Ajoutez l'ail et le bœuf haché, laissez cuire 5 minutes, puis incorporez la pancetta et les champignons. Poursuivez la cuisson. Quand les champignons sont cuits, ajoutez la feuille de laurier et les brins de thym. Versez le vin blanc. Portez le tout à ébullition et laissez cuire jusqu'à ce que le vin ait réduit de moitié. Transférez cette préparation dans un grand récipient, ajoutez-y les tomates, le fromage, les œufs battus, la crème fraîche et le basilic. Retirez la feuille de laurier et le thym.

Faites cuire les pâtes *al dente* dans un grand volume d'eau bouillante salée. Tapissez le fond et les parois du moule de pâtes en partant du centre et en les disposant en cercles concentriques. Déposez la garniture au milieu, lissez le dessus et enfournez 1 heure. Laissez reposer le *timballo* 10 minutes avant de le démouler et de le trancher.

40 minutes de préparation - 1 heure de cuisson - pour 6 personnes

SPAGHETTI ALLA CARBONARA

TIMBALLO

Choisissez de gros rubans de pappardelle fraîches.

pappardelle aux boulettes et à la sauce tomate pimentée

500 g de viande d'agneau ou de bœuf hachée
1 oignon pelé et finement émincé
2 c. à s. de persil plat finement ciselé
1 c. à c. de paprika
1 c. à c. de cumin moulu
1 c. à c. de piment de la Jamaïque
1 c. à c. de sel
400 g de pappardelle sèches
beurre
huile d'olive
copeaux de parmesan frais

POUR LA SAUCE
2 c. à s. d'huile d'olive
1 oignon finement émincé
2 gousses d'ail pilées
1 c. à c. de piment déshydraté
800 g de tomates concassées en boîte
2 c. à s. de concentré de tomates
1 c. à c. de harissa

Préchauffez le four à 200 °C (th. 6-7) et beurrez légèrement 2 plaques allant au four. Mettez la viande hachée, l'oignon, le persil, le paprika, le cumin, le piment de la Jamaïque et le sel dans un grand récipient et mélangez bien le tout. Formez des boulettes de la valeur d'une cuillerée à soupe et déposez-les sur les plaques. À l'aide d'un pinceau, badigeonnez-les d'huile d'olive. Enfournez 15 minutes.

Pendant ce temps, préparez la sauce. Faites chauffer l'huile dans une grande casserole et laissez dorer l'oignon 5 minutes à feu moyen. Ajoutez l'ail et le piment déshydraté, laissez cuire 1 minute, puis incorporez les tomates concassées, le concentré de tomates et l'harissa. Portez le tout à ébullition, puis réduisez le feu et laissez mijoter 20 minutes.

Faites cuire les pâtes *al dente* dans un grand volume d'eau bouillante salée. Répartissez-les dans 4 assiettes de service, garnissez de boulettes et de sauce. Servez les pappardelle agrémentées de copeaux de parmesan.

30 minutes de préparation - 1 heure de cuisson - pour 4 à 6 personnes

OMELETTE DE PÂTES AU LARD ET AUX CHAMPIGNONS

omelette de pâtes au lard et aux champignons

100 g de fettuccine sèches
2 c. à s. d'huile d'olive
4 tranches de lard détaillées en lardons
200 g de champignons shiitake émincés sans le cœur
150 g de pousses d'épinards frais
5 œufs
12,5 cl de crème fraîche épaisse
100 g de feta
sel et poivre noir du moulin

Faites cuire les pâtes *al dente* dans un grand volume d'eau bouillante salée. Égouttez-les et réservez-les.

Faites chauffer 1 c. à s. d'huile dans une grande poêle à feu moyen et faites revenir les lardons. Une fois dorés, laissez-les s'égoutter sur du papier absorbant. Remettez la poêle sur le feu avec les champignons, laissez cuire 5 minutes, puis incorporez les épinards et poursuivez la cuisson. Si besoin, videz l'eau de la poêle. Réservez le mélange. Battez les œufs et la crème dans un grand saladier. Ajoutez les pâtes cuites, les lardons et les champignons et mélangez bien le tout.

Préchauffez le gril du four à température moyenne. Faites chauffer 1 c. à s. d'huile dans une poêle à feu moyen, versez dedans la préparation aux œufs et laissez cuire 10 minutes. Quand les bords commencent à prendre, émiettez la feta sur l'omelette. Salez, poivrez. Terminez la cuisson de l'omelette sous le gril. Laissez l'omelette tiédir légèrement avant de la découper.

25 minutes de préparation - 40 minutes de cuisson - pour 4 personnes

linguine au prosciutto et au piment

400 g de linguine ou de spaghettini secs
3 c. à s. d'huile d'olive
6 œufs légèrement battus
10 tranches de jambon cru italien détaillées en lamelles
1 c. à c. de poivre noir concassé
1/2 c. à c. d'éclats de piment
3 c. à s. de ciboulette ciselée
copeaux de parmesan
quartiers de citron
sel

Faites cuire les pâtes *al dente* dans une grande casserole d'eau bouillante salée. Égouttez-les et réservez-les au chaud.

Faites chauffer 2 c. à s. d'huile dans une grande poêle à feu moyen, versez les œufs et inclinez la poêle pour en tapisser le fond. Laissez cuire 2 minutes, quand les œufs ont pris, retournez l'omelette et faites-la cuire l'autre côté. Ôtez l'omelette de la poêle et découpez-la en lamelles.

Remettez la poêle sur le feu, ajoutez le reste d'huile et le jambon cru et laissez cuire à feu moyen. Une fois doré, incorporez les pâtes, l'omelette en lamelles, le poivre noir concassé, les éclats de piment et la ciboulette et mélangez rapidement le tout.
Retirez la poêle du feu. Agrémentez de copeaux de parmesan et de quartiers de citron. Servez aussitôt.

15 minutes de préparation - 25 minutes de cuisson - pour 4 personnes

LINGUINE AU PROSCIUTTO ET AU PIMENT

CASARECCIE AU PROSCIUTTO, À LA ROQUETTE, AU PARMESAN ET AU CITRON

PASTITSIO

casareccie au prosciutto, à la roquette, au parmesan et au citron

200 g de jambon cru italien
100 g de roquette
100 g de copeaux de parmesan
100 g de pignons grillés
400 g de casareccie sèches
3 c. à s. d'huile d'olive
2 gousses d'ail pelées et pilées
2 c. à s. de jus de citron
sel, poivre noir concassé

Préchauffez le gril à température élevée. Glissez le jambon cru sous le gril. Quand il croustille, laissez-le s'égoutter sur du papier absorbant et détaillez-le en gros morceaux. Mettez le jambon, la roquette, les copeaux de parmesan et les pignons dans un saladier.

Faites cuire les pâtes *al dente* dans un grand volume d'eau bouillante salée et égouttez. Incorporez les pâtes dans le saladier de roquette. Mélangez l'huile, l'ail, 1/2 c. à c. de poivre noir concassé et le jus de citron dans un bol, versez cette sauce sur les pâtes, mélangez soigneusement. Servez aussitôt.

15 minutes de préparation - 15 minutes de cuisson - pour 4 personnes

pastitsio

2 c. à s. d'huile d'olive
2 oignons hachés
3 gousses d'ail pelées et pilées
1 kg de viande de bœuf hachée
800 g de tomates concassées en boîte
25 cl de vin rouge sec
1 feuille de laurier
2 brins de romarin frais
1 c. à c. d'herbes italiennes déshydratées
400 g de ziti secs
sel de mer et poivre noir du moulin
3 œufs légèrement battus
300 g de ricotta
25 cl de lait
100 g de mozzarella râpée
50 g de parmesan râpé
noix de muscade fraîchement râpée

Préchauffez le four à 180 °C (th. 5-6). Faites chauffer l'huile dans une grande poêle et laissez-y dorer l'oignon 5 minutes à feu moyen. Ajoutez l'ail, laissez cuire 1 minute, puis incorporez le bœuf. Poursuivez la cuisson 5 minutes, tout en remuant. Incorporez les tomates, le vin rouge, la feuille de laurier, les brins de romarin et les herbes italiennes. Portez le tout à ébullition, puis réduisez le feu et laissez mijoter 30 minutes à couvert. Retirez la feuille de laurier et le romarin.

Faites cuire les pâtes *al dente* dans un grand volume d'eau bouillante salée et égouttez. Répartissez les pâtes dans le fond d'un grand plat à gratin. Versez dessus la moitié des œufs battus, puis la sauce à la viande. Mélangez le reste des œufs, la ricotta, le lait et la noix de muscade dans un récipient. Salez, poivrez. Versez ce mélange sur la sauce à la viande.

Mélangez la mozzarella et le parmesan. Saupoudrez-en le plat et enfournez 40 minutes. Le fromage doit être bien gratiné. Laissez le *pastitsio* reposer 10 minutes avant de le trancher.

30 minutes de préparation - 1 heure de cuisson - pour 8 à 10 personnes

Procurez-vous d'excellents saucisses italienness chez un traiteur.

RIGATONI À LA SAUCISSE ITALIENNE ÉPICÉE

rigatoni à la saucisse italienne épicée

1 c. à s. d'huile d'olive
4 cotechinos hachés (saucisses italiennes épicées)
1 oignon rouge coupé en demi-lunes
800 g de dés de tomates en boîte
1 c. à c. d'origan déshydraté
400 g de haricots rouges en boîte égouttés et rincés
15 g de persil ciselé
15 g de basilic ciselé
400 g de rigatoni secs
200 g de feta émiettée
sel

Faites chauffer l'huile dans une grande casserole et laissez cuire les cotechinos 15 à 20 minutes à feu moyen. Sortez-les de la casserole et réservez. À leur place, mettez l'oignon et laissez cuire 5 minutes à feu moyen. Ajoutez les tomates, l'origan et les haricots rouges. Portez à ébullition, couvrez et laissez mijoter 20 minutes. Retirez le couvercle, ajoutez les cotechinos. Poursuivez la cuisson 5 minutes et incorporez le persil et le basilic.

Faites cuire les pâtes *al dente* dans un grand volume d'eau bouillante salée. Égouttez-les et répartissez-les dans quatre assiettes creuses. Nappez-les de sauce, saupoudrez de feta émiettée. Servez aussitôt.

15 minutes de préparation - 55 minutes de cuisson - pour 4 personnes

spaghetti à la bolognaise

2 c. à s. d'huile d'olive
1 oignon rouge pelé et finement haché
1 carotte pelée et finement hachée
1 branche de céleri hachée
100 g de pancetta
250 g de viande de bœuf hachée
250 g de viande de porc hachée
125 cl de vin rouge
500 g de tomates concassées en boîte
25 cl de bouillon de bœuf
12,5 cl de crème fraîche épaisse
400 g de spaghetti secs
noix de muscade moulue
sel, poivre noir du moulin

Faites chauffer l'huile dans une grande poêle et laissez-y dorer l'oignon 5 minutes. Ajoutez la carotte et le céleri, couvrez et poursuivez la cuisson 10 minutes. Ajoutez la pancetta, la viande de bœuf et de porc hachée. Laissez cuire 5 minutes. Une fois la viande dorée, versez le vin et laissez bouillir. Quand le vin s'est évaporé, ajoutez les tomates et laissez mijoter encore 20 minutes.

Versez ensuite le bouillon, couvrez et poursuivez la cuisson 30 minutes. Ajoutez la crème fraîche, laissez cuire encore 20 minutes à couvert, puis découvrez et laissez cuire 5 minutes. Salez, poivrez. Assaisonnez de noix de muscade.

Faites cuire les pâtes *al dente* dans un grand volume d'eau bouillante salée et égouttez. Transférez les pâtes dans la sauce. Remuez pour les en enrober. Servez aussitôt.

20 minutes de préparation - 1 heure 30 de cuisson - pour 4 personnes

SPAGHETTI À LA BOLOGNAISE

SOUPE DE PÂTES ET DE PANCETTA

FUSILLI AU CHORIZO FUMÉ

soupe de pâtes et de pancetta

2 c. à s. d'huile d'olive
2 oignons rouges pelés et finement hachés
1 carotte pelée et finement hachée
2 branches de céleri hachées
2 gousses d'ail pelées et pilées
1/2 c. à c. de piment déshydraté
250 g de pancetta hachée
2 c. à s. de romarin frais haché
2 c. à s. de persil ciselé
800 g de tomates concassées en boîte
800 g de pois chiches en boîte, rincés et égouttés
250 g de rigatoni frais ou secs
2 c. à s. d'huile d'olive vierge extra
sel, poivre noir du moulin

Faites chauffer l'huile dans une grande casserole et faites-y dorer les oignons 5 minutes. Ajoutez la carotte et le céleri, couvrez et laissez cuire 10 minutes. Ajoutez l'ail et le piment, saisissez-les pendant 1 minute, puis ajoutez la pancetta. Quand elle croustille, incorporez les herbes, les tomates et les pois chiches. Versez 25 cl d'eau. Portez à ébullition puis réduisez le feu et laissez mijoter 20 minutes.

Faites cuire les pâtes *al dente* dans un grand volume d'eau bouillante salée. Égouttez-les et transférez-les dans la soupe. Laissez réchauffer ces ingrédients. Arrosez d'un filet d'huile d'olive. Salez, poivrez. Servez aussitôt

20 minutes de préparation - 40 minutes de cuisson - pour 6 à 8 personnes

fusilli au chorizo fumé

1 c. à s. d'huile d'olive
1 oignon rouge pelé et finement haché
2 gousses d'ail pelées et pilées
3 chorizos émincés
1 c. à c. de paprika fumé
1 c. à c. de cumin moulu
1 poivron rouge, émincé
800 g de tomates concassées en boîte
1 feuille de laurier
25 cl de vin rouge
400 g de haricots de Lima en boîte, rincés et égouttés
2 c. à s. d'herbes fraîches ciselées (marjolaine, thym, persil...)
400 g de fusilli secs
sel, poivre noir du moulin

Faites chauffer l'huile dans une grande casserole, laissez dorer l'oignon 5 minutes. Ajoutez l'ail et faites-le revenir 1 minute. Incorporez le chorizo, le paprika et le cumin et laissez cuire 5 minutes.

Ajoutez le poivron rouge, les tomates, la feuille de laurier et les haricots de Lima. Versez le vin rouge. Portez le tout à ébullition, puis réduisez le feu et laissez mijoter 20 minutes, jusqu'à épaississement de la sauce. Retirez la feuille de laurier, puis incorporez les herbes. Salez, poivrez.

Faites cuire les pâtes *al dente* dans une grande casserole d'eau bouillante salée. Égouttez-les soigneusement et remettez-les dans la casserole. Ajoutez la sauce tomate et réchauffez le tout 5 minutes avant de servir.

15 minutes de préparation - 30 minutes de cuisson - pour 4 personnes

index

Les numéros de page en italique renvoient aux illustrations.

remerciements

Je remercie Catie Ziller pour m'avoir une fois de plus offert la possibilité d'écrire ce livre, et pour toutes les autres occasions toutes ces années : je ne le dirais jamais assez, merci.

À ma merveilleuse équipe qui m'a aidée à réunir toutes ces recettes : vous avez toute ma reconnaissance pour ces heures passées, de jour comme de nuit. Je me sens ridicule de ne voir que mon nom sur la couverture. Qui sont donc ces amours ? Pour commencer, merci à mon bras droit Tracey Gordon, qui écrit, teste et cuisine comme si elle avait fait ça toute sa vie : ton talent est un bien que je chéris de tout mon cœur.

À la femme derrière l'objectif et la présentation de ce livre : ta passion pour ton métier déborde dans toutes ces pages, merci pour t'être donnée bien plus qu'on ne pourrait en attendre.

À ma délicieuse Alice Hart : ton art des ravioli atteint de véritables sommets ; je te suis reconnaissante de m'avoir permis de travailler avec toi, une femme aussi talentueuse qui va toujours de l'avant.

Merci à Mary Wall pour autant de précision dans le maniement du hachoir, pour sa cuisson des pâtes et pour sa charmante compagnie : je suis sûre que tu ne seras pas assistante longtemps.

Mon responsable des accessoires remercie Wei Tang pour avoir déniché de si jolis objets et pour avoir été souple à chaque fois qu'il me fallait encore quelque chose.

Merci enfin à mon éditrice, Kathy Steer, pour son infinie patience et pour être restée aussi calme face à l'adversité : ce livre a sans aucun doute été un challenge pour nous tous : merci d'avoir relevé le défi.

Toute mon affection enfin à Lucy Byrne qui m'a offert le confort et la chaleur de sa maison lors de mon séjour à Londres.

Et surtout, un immense merci à mes amis et à ma famille restée à la maison, qui m'ont permis de passer six semaines en Angleterre pour les photos de deux livres de recettes. Votre amour et vos affectueux e-mails signifient bien plus pour moi que vous ne le saurez jamais.

Texte traduit et adapté de l'anglais par Catherine Bon
Avec la collaboration de Virginie Mahieux-Mahoudeau

ISBN : 978-2-501-05000-5
40 9933 9 / 01
Dépôt légal : 78676 - mars 2007
Imprimé en Espagne par Estella Graficas